DU CONGRÈS
DE TROPPAU.

PAR M. BIGNON.

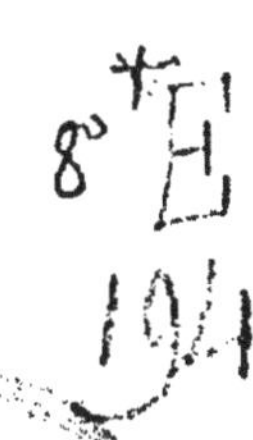

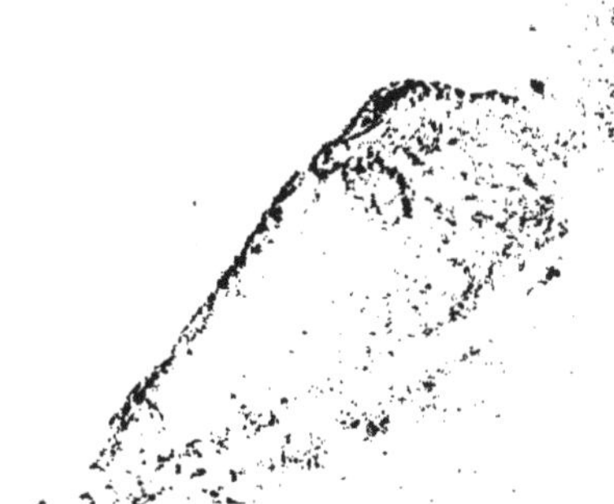

Se vend à Paris

CHEZ
- FIRMIN DIDOT, père et fils, libraires, rue Jacob, n° 24.
- DELAUNAY, Palais-Royal, galerie de bois.
- BRISSOT-THIVARS, rue Neuve-des-Petits-Champs, n° 22.

DU CONGRÈS
DE TROPPAU,

OU

EXAMEN DES PRÉTENTIONS DES MONARCHIES ABSOLUES
A L'ÉGARD DE LA MONARCHIE CONSTITUTIONNELLE
DE NAPLES.

A PARIS,
DE L'IMPRIMERIE DE FIRMIN DIDOT,
IMPRIMEUR DU ROI, DE L'INSTITUT ET DE LA MARINE,
RUE JACOB, N° 24.

JANVIER 1821.

AVANT-PROPOS.

Une brochure pour la défense de la monarchie constitutionnelle de Naples! voilà tout ce que peuvent faire pour elle les libéraux de France. Un exposé modeste des droits des nations, des arguments, des syllogismes, voilà leur artillerie. Au lieu d'adresser aux monarques, qui ne le liront pas, un plaidoyer en faveur du gouvernement napolitain, mieux vaudrait envoyer à ce gouvernement des armes et des bataillons. Je m'attends à ce dédaigneux accueil de la part des hommes qui comptent la force pour tout, et le droit pour rien. J'en bravai l'orgueilleuse ironie, lorsque je publiai, en 1818, un écrit sur les démêlés des cours de Bavière et de Bade. Je l'affronte de nouveau aujourd'hui avec la même sécurité. En 1818, la cause de Bade triompha. Je me félicitai alors d'avoir si bien présumé de la droiture des souverains et de la noblesse de leur caractère. Pourquoi, en 1821, dans une question non moins favorable, n'aurais-je pas la même espérance? Plus le temps marche, plus je crois à la puissance de la raison, de cette raison (1) constante, universelle, que ne peuvent abroger ni les lois d'un sénat, ni les caprices des peuples, ni la fureur des despotes. Malgré les vicissitudes qu'elle éprouve en certains pays, ses progrès, sous des rapports généraux, sont immenses. Dans le même moment où à Paris elle était condamnée à un mouvement

---

(1) *Recta ratio, constans, universa.... nec verò aut per senatum, aut per populum solvi hâc lege possumus.* (Cic.)

rétrograde, elle faisait des pas de géant en Espagne, à Naples et dans le Portugal. Les rois, pour s'entendre, sont obligés de se réunir en congrès. Rarement encore l'unité de lieu produit-elle entre eux l'unité de vues. Les peuples s'entendent sans se déplacer. Ils s'entendent dans des idiomes différents, parce que la raison n'a qu'un langage. Cette souveraine des rois comme des peuples ne connaît ni les limites matérielles des états, ni les limites factices d'associations plus ou moins étendues. Par-tout les droits des nations sont également sacrés. Les principes de ceux qui les réclament sont par-tout les mêmes. Ils sont les mêmes (1) à Madrid et à Paris, à Lisbonne et à Naples. S'ils ne sont pas hautement proclamés dans les pays où le pouvoir absolu règne encore,

---

(1) *Nec erit alia lex Romæ, alia Athenis.* (Cic.)

ils y existent déja, il y ont pris racine, ils y vivent en secret dans le cœur des hommes éclairés de toutes les professions, dans l'ame des militaires les plus instruits, et, je suis fort porté à le croire, dans l'ame même des ministres principaux, qui, dominés malgré eux par la fausse politique à laquelle leur esprit a été façonné, en suivent à regret les déplorables maximes, mais craignent de passer de la léthargie du pouvoir absolu à la vie orageuse de la liberté.

Quoi qu'il en soit des dispositions dans lesquelles cet écrit trouvera les cabinets, soit assemblés encore à Laybach, soit déja séparés, je suis fier aujourd'hui d'avoir entrepris la défense d'une si belle cause. La nation napolitaine s'est montrée digne de la liberté qu'on veut lui ravir. Son parlement, dans les discussions auxquelles a donné lieu le départ du roi, a été admirable de courage, de patriotisme et de dignité. Il a droit à la reconnaissance des nations, à l'estime même des monarques réunis, et le grand caractère qu'il a déployé, s'il n'est pas un gage assuré de succès, ne lui promet du moins qu'une destinée qui, heureuse ou malheureuse, sera toujours honorable. Je dois encore, sous un autre point de vue, m'applaudir de mes efforts. La lettre des trois monarques à sa majesté sicilienne présente exactement les allégations qui sont le texte de mon ouvrage : elle prouve que je suis entré dans le réel, dans le positif de la question. Cette lettre est pour les peuples une conquête précieuse sur la bonne foi des cabinets.

« En nous décidant à cette délibération
« commune, disent les monarques, nous
« n'avons fait que nous conformer aux
« transactions de 1814, 1815 et 1818,
« transactions dont votre majesté, ainsi

« que l'Europe, connaît le caractère et le « but, et sur lesquelles repose cette al- « liance tutélaire, uniquement destinée à « garantir de toute atteinte *l'indépendance* « *politique* et *l'intégrité territoriale de* « *tous les états*, et à assurer le repos et la « prospérité de *l'Europe* par le repos et la « prospérité de tous les pays dont elle se « compose. » Je ne m'arrête point sur la protestation du respect que portent les puissances à *l'intégrité territoriale des états et à leur indépendance politique*. Le résultat prochain des conférences de Laybach en fera connaître la sincérité. Nous avons ici, dans les intentions énoncées par les cabinets, à distinguer le but et le moyen. Le but qu'ils se proposent est, d'après leurs propres termes, le repos et la prospérité de *l'Europe :* le moyen est le repos et la prospérité de *chaque état* en particulier. Rien n'est plus touchant et plus digne d'éloge que ces sentiments personnels des souverains ; mais, considérée comme expression de la pensée des cabinets, cette même déclaration, si bienveillante au premier coup-d'œil, renferme un aveu important dont nous prenons acte. Elle révèle, elle constate l'existence d'un système qu'elle proclame comme règle et comme loi générale. L'Europe n'est plus une réunion d'états dont chacun doive former une famille particulière occupée de son bonheur domestique : elle est une agrégation de familles qui ne doivent chercher le perfectionnement de l'ordre social que parallèlement les unes aux autres, sous la condition que ce sont les familles retardataires qui arrêteront la marche des plus hâtives et non celles-ci, qui presseront la marche des autres. Les rois, dans ce système, forment une tribu nomade qui va tour-à-tour planter ses tentes en des pays différents, et qui, au lieu de faire avancer les nations paresseuses, repousse en arrière les nations plus actives. Cette volonté des rois est formellement articulée dans la phrase suivante de la même lettre. « Votre majesté ne doutera pas que « l'intention des cabinets assemblés ici « ne soit de *concilier* l'intérêt et le bien « être dont la sollicitude paternelle de « votre majesté *doit désirer faire jouir ses* « *peuples* avec les *devoirs* que les monar« ques alliés ont à remplir envers leurs « états et *envers le monde.* » On a souvent accusé les cabinets de mauvaise foi : quand ce sont les princes qui parlent, leur langage, fût-il empreint de doctrines erronnées, a toujours du moins le mérite de la franchise. D'après le passage qui vient d'être cité, le bien être dont un prince *désire faire jouir ses peuples* a besoin d'être *concilié* avec les devoirs des monarques alliés, et ces devoirs, ils ont à les remplir *envers le monde* et non pas seulement *envers leurs états*. Ce cosmopolisme de quelques rois doit, à ce qu'il me semble, faire naître dans l'esprit des peuples, comme dans l'esprit du plus grand nombre des princes souverains, de fort sérieuses réflexions. Ainsi le bonheur d'une nation ne dépend plus d'elle seule et de son roi; l'accord du peuple et du trône ne suffit plus pour faire leur félicité mutuelle: il leur faut un assentiment du dehors: il faut que les devoirs de certains monarques *envers le monde* se concilient avec le *bien être* dont chaque prince en particulier *désire faire jouir la nation* qu'il gouverne. Mais que faut-il entendre par ce mot, *les cabinets assemblés ici?* Cinq états figurent à Troppau et à Laybach. L'Europe est-elle donc une pentarchie? Que sont devenus tous les autres gouvernements, royaumes, grands duchés, principautés, enfin tous les états et princes indépendants? Il y a donc aussi une oligarchie parmi les têtes couronnées! Aujourd'hui c'est un quinquemvirat qui règle le sort de *l'Europe* et *du monde* au nom des souverains assemblés; mais, en examinant de près cette réunion de cinq puissances, on trouve qu'elle se réduit, de fait, au triumvirat de Troppau. Dans ce triumvirat même, d'où la Prusse ne demanderait pas mieux que de se dégager, il ne reste, en dernière analyse, que deux cabinets jouant un même jeu, l'un avec de grands risques, l'autre à coup sûr. Voilà, en définitive, à quoi se réduit la pompeuse dénomination de cabinets assemblés, dont la politique abuse. Et quel abus plus grand que la sommation impérieuse adressée, au nom de ces souverains par leurs ministres, à Sa Majesté le roi des Deux-Siciles?

En lisant le message de ce prince au parlement napolitain, on est sur-tout frappé des motifs qu'il présente pour expliquer son départ : « Je suis, dit le roi « Ferdinand, résolu à vaincre toutes les « difficultés que présentent mon âge « avancé et la rigueur de la saison pour « me rendre promptement à l'invitation « qui m'a été faite, *puisque les souverains « m'ont fait déclarer qu'ils n'auraient ad- « mis aucun autre pour traiter, y com- « pris même les princes de ma famille « royale.* » Quoi ! il serait possible que les souverains étrangers eussent commandé à un prince septuagénaire un voyage qu'il pouvait être hors d'état d'entreprendre, et que, dans le cas de cette impossibilité, ils lui eussent refusé le droit de se faire représenter, même par un prince de sa famille ! Il serait possible qu'ayant à traiter des questions de la plus haute importance, les souverains ne consentissent à conférer qu'avec le roi, tandis que la sagesse de ce prince aurait pu le porter à s'abstenir lui-même de la discussion de ces graves objets, nécessairement très-pénible et très-fatigante à son âge, pour la remettre toute entière à des hommes investis de sa confiance ou même à l'héritier de sa couronne! Il serait possible enfin que, sans égard pour les principes de tout gouvernement constitutionnel, les souverains voulussent, en isolant ce prince, en le séparant de son parlement et de son peuple, lui imposer ou l'amener à prendre des engagements personnels, dont l'exécution serait ensuite accompagnée des plus grands périls pour lui-même, pour son royaume, et pour sa famille! Le tribunal qui va siéger à Laybach aurait donc rendu des arrêts par défaut! Le roi Ferdinand aurait pu être, comme contumace, mis au ban des monarchies absolues, et le cabinet de Vienne, tout à-la-fois juge et partie, eût été chargé de l'exécution de la sentence! Loin de nous la pensée qu'un génie malfaisant puisse se plaire à faire naître des difficultés profitables à des ambitions ennemies ! Nous ne pouvons voir dans la déclaration faite à sa majesté sicilienne par les ministres d'Autriche, de Russie et de Prusse, qu'un acte qui appartient tout entier à ces ministres. Nous croyons n'être que justes envers les monarques en considérant cette déclaration comme un mensonge diplomatique auquel ils sont étrangers. A quoi se réduirait effectivement la liberté d'un prince sommé de comparaître en personne, et auquel il serait interdit de déléguer un défenseur qu'il jugerait plus propre que lui-même à faire valoir ses droits et à plaider sa cause ? Le piége serait évident et le dol manifeste. Mais il n'en peut-être ainsi. La déclaration faite à sa majesté sicilienne par les agents des trois cabinets est l'œuvre de ces seuls agents. L'invitation des monarques n'a point ce caractère injurieux. L'amitié et la bonne foi l'ont dictée. Le roi l'accepte sans crainte et sans défiance. Il entendra les monarques : il conférera avec eux, il leur démontrera l'injustice de leurs prétentions; mais il n'est ni dans sa volonté, ni en son pouvoir de faire des droits du peuple napolitain, le sujet d'une transaction avec les puissances étrangères. Il n'abdiquera entre leurs mains ni l'indépendance de sa couronne ni celle de sa nation. Une telle abdication, si elle pouvait avoir lieu, serait de toute nullité. Vainement on déclarerait au nom de ce prince qu'il n'était pas libre quand il a juré la constitution qui maintenant régit son royaume. Ce langage serait celui d'un captif entouré de maîtres étrangers : un roi est évidemment esclave, lorsqu'il peut consentir à des actes destructifs des droits de ses sujets qui sont les siens. D'ailleurs la sagesse de Ferdinand IV, en laissant à Naples la plénitude du pouvoir royal dans les mains du prince-régent, a su d'avance rendre pour lui-même de pareils actes impossibles. Cependant la position actuelle de ce monarque offre des circonstances qui rappellent involontairement à la pensée de fâcheux souvenirs. L'analogie, sans être exacte, est déja sensible assez pour autoriser de justes inquiétudes. Les années 1792, 93, 94 et 95 présentent une association de trois puissances qui, d'après leurs manifestes, n'avait d'autre but que de détruire le jacobinisme dans un état voisin. Quelles sont ces trois puissances? les mêmes qui font aujourd'hui des déclarations pareilles à ces manifestes, la Prusse, l'Autriche et la Russie. Quel est l'état voisin dont il s'agissait? la Pologne. En quoi consistait le jacobinisme que l'on voulait détruire à cette époque? le jacobinisme consistait à remplacer par un gouvernement stable l'anarchie à laquelle la Pologne avait été si long-temps livrée : il consistait à faire d'un royaume *électif* une monarchie *héréditaire*. C'étaient là les griefs (1) allégués par les puissances. Par un contraste remarquable avec ce qui se passe aujourdhui, ce n'était pas pour combattre la liberté que les troupes russes et prussiennes entraient sur le territoire polonais, c'était pour y rétablir la *liberté* (2) *et les lois de la république*. Alors Stanislas se rend à Grodno sur l'*invitation* de la Russie. Trop docile à l'ascendant de Catherine II, ce faible prince renonce *à la constitution qu'il a jurée* : il se déshonore et ne se sauve pas. Sur l'ordre qu'il en reçoit de Pétersbourg, il dépose, en 1795, une couronne qu'il portait depuis 1764. Tombé du trône, il languit encore quelques années dans l'opprobre, lâche pen-

(1) Déclaration de la Russie du 18 mai 1792.

(2) *Ibid.*

sionnaire des cabinets qui ont partagé sa malheureuse patrie. Cet événement est de ceux qu'il est pénible de rappeler, mais on ne saurait trop remettre sous les yeux des rois et des peuples les grandes leçons que leur donne l'histoire. Nous aimons à l'espérer, Laybach ne sera point un autre Grodno. Le ciel ne réserve point à la vieillesse de Ferdinand IV les chagrins trop mérités dont fut abreuvée celle de Stanislas. Outre que les souverains actuels d'Autriche, de Russie et de Prusse sont incapables de renouveler les iniquités de leurs prédécesseurs, le roi Ferdinand, en quittant Naples pour se rendre *à leur invitation*, a prié Dieu (1) de lui donner la force nécessaire pour accomplir ses serments. Cette force ne lui manquera pas. L'honneur de ses cheveux blancs ne sera point souillé

(1) Réponse du roi à l'adresse que lui a présentée le parlement le 13 décembre.

par un parjure. Le pouvoir royal étant de plus resté tout entier à Naples entre les mains du prince-régent, j'écarte l'hypothèse d'un fait qui est impossible, ou qui serait nul, et je vais traiter les questions qui font l'objet de cet ouvrage, comme si sa majesté sicilienne était encore dans sa capitale.

Mais, nous diront de bénévoles censeurs, tandis qu'à Paris vous préparez lentement vos philantropiques dissertations en faveur du royaume des Deux-Siciles, les cabinets auront prononcé, et vos oiseuses réflexions seront sans utilité pour la cause que vous voulez servir. Nous répondrons d'abord qu'il n'est jamais trop tard pour dire la vérité, et que la justice ne se prescrit pas. Nous ajouterons ensuite que nous croirions faire injure aux cabinets si nous supposions que le congrès de Laybach doive ressembler à un coup de main. Quelquefois d'ailleurs l'impénétrable sagesse de la providence fait naître pour les dominateurs de la terre des obstacles soudains que la prévoyance humaine n'a pu deviner. Elle semble sur-tout se plaire à prêter une assistance inattendue aux peuples qui veulent être libres et dont l'indépendance est menacée. Certes, l'humanité s'afflige à l'aspect de ces maladies pestilentielles qui dépeuplent les camps et qui atteignent en même temps *le cheval et le cavalier*. L'humanité plaignait, en 1792, l'armée prussienne épuisée en Champagne par une meurtrière épidémie. Elle plaint aujourd'hui les troupes autrichiennes livrées en Italie à une dévorante contagion ; mais une nation prête à périr peut, sans être cruelle et tout en compatissant aux souffrances des individus, voir dans l'éclaircissement des bataillons ennemis le doigt de Dieu (1) qui la protège.

---

(1) *Propterea hæc dicit Dominus de rege Assyriorum :*

La marche de l'armée autrichienne semblant ainsi devoir être nécessairement suspendue, les observations que je publie auront paru avant que cette armée ait passé le Rubicon, peut-être même avant que les cabinets aient pris une résolution définitive. Dans tous les cas, elles paraîtront toujours à temps pour les nations dont l'existence ne se borne point, comme celle des congrès, à des jours, à des mois et à des années. Elles paraîtront encore à temps, dussent-elles, au lieu d'être une défense contre la menace, demeurer comme une protestation contre l'injustice et la violence.

Non intrabit civitatem hanc et non jaciet ibi sagittam, et non occupabit eam clypeus, et non mittet in circuitu ejus aggerem, et protegam civitatem istam, ut salvem eam propter me et propter David servum meum. Egressus est autem angelus Domini, et percussit in castris Assyriorum centum octoginta quinque millia. Et surrexerunt manè, et ecce omnes, cadavera mortuorum. (Isaïe.)

INTRODUCTION.

C'est sans contredit une époque bien extraordinaire que celle où un congrès de monarques met en délibération s'il déclarera la guerre à une monarchie pour la contraindre à rétablir dans son organisation intérieure des formes qu'elle en a rejetées. Qu'une puissance favorise dans des états voisins l'essor de la liberté ou l'accroissement du pouvoir, rien de moins surprenant et de moins rare. Souvent une même puissance a fait l'un et l'autre tour-à-tour, et quelquefois simultanément, en des contrées différentes. Ainsi la France, qui secondait en Suède l'extension du pouvoir, appuyait l'extension de la liberté en Hollande. Tous les siècles ont offert des gouvernements ou des princes armés, les uns, pour replacer sur le trône des dynasties qui en étaient descendues, les autres, pour s'opposer à ces restaurations. Un phénomène nouveau, un privilége propre au siècle dans lequel nous vivons, c'est une confédération de rois unis contre un seul peuple, parce que ce peuple, tout en conservant, en respectant sa dynastie, a introduit dans le mode de son gouvernement, toujours monarchique, des modifications plus ou moins étendues. L'antiquité ne présente rien de semblable. Jamais les rois de Perse et de Macédoine, en faisant la guerre aux républiques de la Grèce, n'ont, dans leurs manifestes, allégué pour cause de ces guerres les variations qu'Athènes ou Sparte avaient pu éprouver dans les formes de leur administration domestique. Jamais la Grèce, jamais Rome n'ont fait la guerre à des nations étrangères parce que l'autorité des rois avait subi quelque altération. Rome et la Grèce ont eu des rois pour alliés, pour amis, pour citoyens. Dans les guerres des républiques contre les rois et des rois contre les républiques, c'étaient des puissances qui luttaient contre des puissances, des ambitions qui combattaient des ambitions. Il est vrai qu'après avoir conquis des états libres, la politique des rois tâchait d'y assoupir l'amour de la liberté, d'amollir les peuples, et d'énerver leur courage. Nous ne doutons pas qu'aujourd'hui les gouvernements absolus ne vissent de même avec joie le royaume de Naples, livré aux séductions du plaisir, borner sa gloire à approvisionner de chanteurs efféminés tous les théâtres de l'Europe; mais lorsqu'un peuple, saisi d'une noble pudeur, rougit de son engourdissement; lorsqu'il s'éveille de sa léthargie, et se crée, de concert avec la dynastie qui le gouverne, un plus glorieux avenir, quoi de plus étrange qu'une coalition de cabinets qui se lève et dit : « La « liberté ne t'est point permise : comme nous « n'en voulons point dans nos états, nous « n'en voulons nulle part. Naples libre me-« nace Vienne : Madrid affranchi offense Ber-« lin : Lisbonne constitutionnelle outrage Pé-« tersbourg. Reprends les fers que tu viens « de briser, ou c'en est fait de ton existence. »

Cet étrange langage retentit aux oreilles de l'Europe étonnée : il retentit de Troppau dans les Apennins avec le cliquetis des baïonnettes autrichiennes : il est répété par l'écho des deux péninsules. Le dix-neuvième siècle n'a plus droit d'être fier de sa supériorité : il reproduit, sous un rapport nouveau, tous les abus du moyen âge. Toutes les persécutions qui ont eu pour objet la pureté de la foi, il les voit renouveler pour la pureté de la monarchie : ce n'est pas assez de vouloir la monarchie et d'honorer le monarque, il faut honorer le monarque de telle façon et vouloir la monarchie avec telle forme particulière. Quiconque n'admet pas la façon et la forme requises est un mécréant digne de tous les supplices. Il est des puritains politiques qui ne demanderaient pas mieux que d'emprisonner pour un mot, que de brûler pour une syllabe. La prédominance d'un pareil système dans un seul état serait déja un grand malheur pour l'humanité; mais combien l'effet ne doit-il pas en être plus déplorable aujourd'hui que le même esprit est devenu le principal mobile de la conduite des gouvernements, et que, transporté dans la politique extérieure, il préside aux délibérations des monarques assemblés?

S'il est vrai, comme le prétendent des esprits chagrins, que le monde en vieillissant reçoive sans cesse du cours des âges une nouvelle dotation de calamités inconnues aux siècles antérieurs, il est sur-tout douloureux de voir les biens les plus purs se corrompre, et des maux sans nombre jaillir des mêmes sources d'où découlaient auparavant la prospérité et la vie. Comment ces atrabilaires censeurs, ces détracteurs impitoyables de leurs contemporains, qui dépeignent sous de si noires couleurs les vices nouveaux dont, suivant eux, la génération actuelle est atteinte, n'ont-ils pas jusqu'à-présent signalé un fléau bien plus désastreux, fléau d'une date récente, et d'autant plus funeste qu'il est la dégénération d'un bien, fléau qui, sans doute contre la volonté des rois et même contre celle de leurs principaux ministres, exerce la plus maligne influence sur la destinée des peuples, le fléau des congrès.

Jadis la nouvelle d'un congrès portait avec elle au moins le bienfait de l'espérance. C'était un premier rayon de soleil qui perçait de sombres nuages et annonçait le retour de jours plus sereins. Cette même nouvelle aujourd'hui accroît les alarmes au lieu de les calmer. Quels ont été en effet les suites des divers congrès assemblés depuis 1814? quel avantage les nations en ont-elles recueilli? qu'a-t-on fait, dans le premier congrès de Vienne, que partager les dépouilles des vaincus? A ce partage, auquel n'ont point été admis les états trop faibles pour saisir eux-mêmes leur proie, on a joint la spoliation d'états innocents. Gênes a disparu, malgré les engagements qui lui garantissaient le rétablissement de son indépendance. Les membres sanglants de la Saxe palpitent encore pour se réunir au tronc paternel, dont ils ont été violemment détachés. A la vérité, dans ce premier congrès qui, en dépit des brillantes promesses faites aux peuples, n'a été consacré qu'au développement de l'ambition des cabinets, on sentit le besoin d'avoir quelque égard au vœu énergiquement prononcé de la nation allemande, de donner à l'esprit de liberté qui se manifestait de toutes parts une ombre de satisfaction, et de témoigner, par la démonstration de sentiments populaires, quelque reconnaissance pour le dévouement des sujets qui avait sauvé les rois. Du volumineux amas de notes et de contre-notes, de déclarations et de contre-déclarations, de mémoires et de protocoles entassés dans les chancelleries autrichiennes, il était, au moment de la séparation des plénipotentiaires, sorti une clause miraculeuse qui annonçait aux pays de la confédération germanique des *constitutions représentatives*. L'article existe : plusieurs princes se disposent à l'exécuter : les peuples d'Allemagne entrevoient l'aurore d'une liberté qui va descendre sur eux pure et sans orages. L'humanité sourit à cet heureux tableau ; mais si la liberté triomphe, c'en est fait de l'oligarchie. L'oligarchie tremble, c'est aux peuples à trembler. Maîtresse des cabinets, elle sonne le tocsin d'une extrémité de l'Europe à l'autre : par-tout elle effraie les rois sur des périls qui ne regardent pas la royauté. Pour détourner ces périls imaginaires, il n'est point d'autre moyen que d'entraver la marche trop rapide de la raison humaine. Qui pourra poser une digue capable d'arrêter ce torrent? un congrès.

Les trois monarques qui se partagent la domination du continent étaient convenus de se réunir à Aix-la-Chapelle. L'oligarchie les y attend : cette ville est l'arsenal d'où doivent sortir, retrempées à neuf, les armes des oppresseurs du moyen âge. Instruments de l'oligarchie qui les assiége, qui les presse de toutes parts, qui règne dans leur cour, qui siége dans leurs cabinets, les monarques imposent à la faiblesse ou aux préventions du ministère français d'inacceptables obligations qui n'ont été que trop bien remplies. Tout en

France a été remis en question. Les faibles avantages que la liberté avait obtenus dans quelques moments de 1818 n'ont pas suffi pour arrêter le mouvement contre-révolutionnaire qu'un fatal concours d'événements désastreux est venu précipiter encore en 1819 et 1820.

Cependant un jour plus serein s'est levé pour quelques états d'Allemagne. La Bavière, le Wurtemberg et Bade offrent des essais de gouvernements représentatifs. Les constitutions données à ces états sont bien au-dessous de ce que demande l'état actuel de la civilisation. C'en est trop encore au gré des classes à privilèges. A les entendre, tout est perdu, tout est interverti; la démocratie a envahi la royauté elle-même. C'est dépasser de beaucoup les intentions du congrès de 1815. Lorsqu'à Vienne on a promis aux peuples des institutions *libérales*, on n'a voulu parler que d'institutions *historiques*. C'est au douzième siècle qu'il faut reporter l'organisation des sociétés modernes. S'il est impossible de faire prévaloir cette doctrine, il faut du moins étouffer l'expression de toute doctrine contraire. Comment y parvenir sans des moyens extraordinaires ? Mais la délicatesse personnelle des monarques répugne aux voies de rigueur, aux mesures violentes. Ce qu'aucun cabinet ne voudrait faire seul, tous le feront collectivement. Une responsabilité morale qui se partage cesse d'être aussi pesante. La solidarité sauve les scrupules. Le moyen est trouvé : l'oligarchie demande un nouveau congrès, et nous voici à Carlsbad.

C'est à Carlsbad que s'élabore la sentence qui doit anéantir, avec la liberté de la population allemande, l'indépendance des princes de second ordre. C'est là que se rédige un décret de prise-de-corps contre la pensée; c'est là qu'est résolue la formation d'un tribunal nouveau qui, au mépris de la souveraineté des états germaniques, doit citer devant lui les sujets des différents princes, et décider de leur sort. Organe docile des opinions qui lui sont prescrites, le sacerdoce secondaire de Francfort répète mot pour mot ce que les grands-prêtres de Carlsbad dictait à sa servilité ; mais la diète impuissante demanderait en vain aux princes de la confédération une obéissance toujours contestée. Pour rendre la résistance plus difficile, pour achever l'ouvrage de Carlsbad, il faut un congrès encore. Celui-ci, c'est au centre de l'oligarchie qu'on a soin de le placer. Vienne le reçoit en 1819.

O puissance irrésistible de la raison ! dans ce congrès, où devait se consommer l'asservissement des princes de second ordre avec celui des nations allemandes, l'intérêt des princes et celui des peuples ont trouvé d'habiles et courageux défenseurs (1). Il eût fallu à l'oligarchie une révocation complète du droit dévolu aux états confédérés de régler leur gouvernement dans l'intérêt commun des sujets et des princes ; elle n'a pu arracher que quelques articles obscurs, dont

---

(1) En première ligne, le plénipotentiaire bavarois, M. de Zentner.

elle espère se rendre plus tard l'interprétation favorable, mais que les princes de second ordre, non moins attachés à leurs devoirs qu'à leurs droits, sauront sans doute expliquer d'une manière conforme à l'indépendance des états et à la liberté des peuples.

D'un autre côté, tandis que l'oligarchie faisait un grand fond sur cette cour prévôtale de Mayence, dans laquelle il lui tardait de voir revivre ces tribunaux trop fameux dont l'histoire raconte avec effroi les sanguinaires arrêts, on avait peine à trouver dans la magistrature de l'Allemagne des hommes qui consentissent à faire partie de cette odieuse cour. Bien plus, si quelques-uns ont accepté ces fonctions, les faits prouvent, à leur louange, qu'ils ne se sont déterminés à cet acte d'obéissance envers leurs gouvernements que pour empêcher que le rôle dont ils se sont chargés ne fût livré à des mains (1) moins pures et à des consciences

---

(1) « Pendant tout le temps que la commission centrale

moins délicates. Il est doux de pouvoir applaudir à la sagesse des divers gouvernemens qui, malgré l'influence oligarchique à laquelle ils se sont assujettis, n'ont choisi que de pareils hommes pour une si dangereuse commission.

Dans ces mêmes temps, la France était moins heureuse. La liberté individuelle, la liberté de la presse, sa loi d'élection, celle de ses lois fondamentales qui lui était le plus chère, toutes ces conquêtes faites sur l'oligarchie depuis 1815, lui ont été ravies dans l'espace de quelques mois; mais, dans ce siècle fécond en prodiges, les pertes que la liberté peut faire d'un côté sont bientôt réparées par les triomphes qu'elle obtient ailleurs. Dans l'ordre général des destinées

---

d'enquête a été en activité, elle n'a fait subir d'interrogatoire à personne, ni emprisonner aucun individu. Il est suffisamment connu que c'est par un malentendu que l'étudiant Sichel a été conduit à Mayence. La commission n'a pas voulu le recevoir, et on l'a remmené de suite. (*Gazette de Mayence*, 17 octobre 1820.)

humaines, Madrid compense Paris. L'affranchissement de l'Espagne balance l'état de soumission passive auquel la France est temporairement descendue. Au bruit de la révolution espagnole, l'oligarchie s'agite : le mot de congrès est prononcé, mais le nom d'Espagne porte avec lui sa terreur ; les monarques hésitent ; tout-à-coup une explosion de même nature éclate dans un pays plus abordable ; Madrid les trouvait irrésolus ; Naples les décide : nouvelle entrevue de souverains, nouveau congrès de ministres.

Les souverains se sont assemblés à Troppau. Des plénipotentiaires continuent à Vienne les discussions commencées par les princes ; bientôt elles vont être transportées à Laybach. Les ministères de la guerre dans presque tous les grands états redoublent d'activité ; des levées d'hommes sont ordonnées, des corps de troupes ont été mis en mouvement, des courriers extraordinaires couvrent en divers sens toutes les routes de l'Europe. Il semble que le monde soit encore ébranlé jusque en ses fondements. Quoi donc? que s'est-il passé au fond de la Péninsule? La maison royale qui règne sur ce beau pays aurait-elle souffert quelque effroyable calamité? Un nouveau duc d'Anjou, muni de l'investiture d'un autre Clément IV, vient-il détrôner la dynastie des Souabes? Un autre Alphonse vient-il établir la dynastie des Arragonais sur les ruines de celle des Angevins? La dynastie autrichienne aurait-elle à combattre la concurrence d'un Vaudemont (1) ou d'un duc de Guise (2)? L'ombre du roi Joachim serait-elle sortie de son tombeau? Mais il n'existe dans Naples aucun prétendant ambitieux qui aspire à la couronne. J'entends : cette capitale est en proie aux convulsions démagogiques. Elle aura vu s'élancer du fond d'un cloître un autre *Thomas Campanella* (3), qui, secondé par un grand nombre de prosélytes de toutes

---

(1) Sous le règne de Charles-Quint.

(2) Sous le règne de Philippe IV.

(3) Sous le règne de Philippe III.

les provinces et de toutes les classes, barons, paysans et moines, veut expulser les rois, et rendre à son pays son ancien gouvernement républicain. Elle aura vu s'élever, des derniers rangs du menu peuple, un autre *Masaniello* (1), qui, transformé en *capitaine-général du royaume*, s'abandonne à tous les écarts d'une puissance illimitée, dont il ne sait pas faire usage. A sa suite aura paru un *Gennaro Annese* (2), qui aura proclamé la *république.* Non, tel n'est point le cours de la révolution napolitaine. Je vois, il est vrai, un ecclésiastique marcher au premier rang des amis de la liberté; mais le prêtre Minichini n'est pas moins dévoué à son roi qu'à sa patrie. Barons, plébéiens et prêtres, tous, en demandant une constitution, veulent le maintien de la monarchie, et chérissent le monarque. Quand telle est la réalité des choses, la situation de Naples est-elle de nature à

(1) Sous Philippe IV.

(2) *Idem.*

nécessiter la réunion d'un congrès? Cette nécessité est au moins douteuse. Je suis loin de vouloir limiter le droit qu'ont les princes de s'entendre entre eux sur ce qui touche à leurs rapports extérieurs. Je fais plus : j'admets ici les principes du traité de la sainte alliance. De tous les actes notables qui ont eu lieu depuis 1813, ce traité, jugé souvent avec rigueur, est peut-être le plus raisonnable et le plus légitime. Bien qu'un peu obscur et empreint de mysticité, il mérite, sinon la rigoureuse approbation de l'esprit, du moins l'assentiment entier du cœur. Comme il est le fruit d'une noble exaltation, il est honorable par sa seule origine. On conçoit qu'une ame généreuse, à l'aspect de la chûte fréquente des trônes, ait accueilli avec empressement la pensée d'une union préservatrice pour les gouvernements en général; on conçoit que les gouvernements aient souri à l'idée de former entre eux une sorte d'*assurance mutuelle*, et de se rendre jusqu'à un certain point solidaires du maintien de leur existence respective ; mais ce qui altérerait profondément la nature d'une telle association, ce serait qu'au lieu d'être une arme de défense, elle fut une arme agressive ; qu'au lieu de se borner à conserver sur le trône les maisons régnantes, elle entendît les conserver avec la possession entière de leurs attributions justes ou injustes, tolérables ou odieuses. Ainsi voudraient l'interpréter les ennemis de la liberté des nations. Mais tel n'est point le caractère primitif de l'alliance. Il a été, au contraire, hautement reconnu par le monarque qui en est le principal auteur, qu'elle n'était en aucune manière incompatible avec l'amélioration de l'ordre social, avec l'établissement de gouvernemens représentatifs. Pourquoi les divers congrès qui ont eu lieu depuis ne se sont-ils pas renfermés dans ce rôle pacifique et conservateur? Malheureusement dénaturés par l'intérêt oligarchique qui règne dans les cabinets, ils semblent n'avoir été qu'une conspiration permanente et systématique contre les droits des nations. Caton disait que ce n'était pas l'inimitié, mais l'union de César, de Crassus et de Pompée, qui avait perdu la république. La paix produite par leur union était en effet pour Rome un mal plus grand que la guerre civile elle-même. Ce que Caton disait de Rome doit-il être appliqué à la république européenne? Les peuples doivent-ils être condamnés à redouter comme un présage de malheur cette intimité des monarques dans laquelle ils auraient voulu voir le gage de leur félicité? Il serait bien honorable pour le congrès actuel de réparer, du moins en partie, les maux causés par les congrès précédents. Il serait digne des trois souverains qui en sont les principaux directeurs, de régénérer les congrès dégradés par l'abus qui en a été fait, de les ramener à leur destination première, et de les changer en un conseil d'amphictyons dont les sentences, fondées sur la plus rigoureuse justice, pussent non-seulement commander l'obéissance, mais encore obtenir l'assentiment public et le respect universel.

Si tel est le noble but du congrès actuel, l'Europe entière est en état de prévoir ses résolutions. Les allégations plus ou moins spécieuses de quelques cabinets trop hâtifs s'évanouiront devant l'examen approfondi qui en sera fait par les plénipotentiaires d'états moins ardents à spéculer sur une guerre nouvelle. Je ne dissimulerai aucune des objections que l'on a faites, ou que l'on peut faire contre l'établissement d'un régime constitutionnel à Naples. Je les débattrai toutes avec la plus stricte impartialité ; et, si je ne m'aveugle, il n'en est pas une seule qui puisse soutenir une discussion loyale et franche.

Le plus plausible des arguments produits par les cabinets des puissances est l'impossibilité où elles sont de reconnaître un gouvernement établi en conséquence d'une révolution, attendu qu'elles se sont mutuellement engagées à garantir la stabilité des gouvernements tels que ceux-ci ont été reconnus par le congrès de Vienne.

On allègue ensuite

Que la révolution de Naples est l'ouvrage d'une faction, d'une secte, et qu'on ne peut pas admettre dans une secte, dans une faction, le droit de changer la forme d'un gouvernement ;

Que les changements survenus à Naples tendent au bouleversement de l'ordre social ;

Que la constitution espagnole est une monstruosité, et qu'il n'est pas possible de traiter avec un pays qui a adopté une pareille constitution, parce qu'elle n'offre aucun espoir de stabilité, et qu'elle ne peut que favoriser le triomphe du jacobinisme et de la démagogie ; que, d'ailleurs, même en la tolérant pour l'Espagne, on ne peut pas voir d'analogie dans la conduite des deux princes et des deux nations, ni dans la situation des deux pays à l'égard du reste de l'Europe ;

Que le roi de Naples n'est pas libre, et que la violence ayant dicté tous les actes qu'il a faits depuis le 6 juillet dernier, on est autorisé à regarder le royaume des Deux-Siciles comme étant dans un véritable état d'anarchie;

Enfin on invoque l'article secret du traité entre les cours des Deux-Siciles et d'Autriche, signé à Vienne le 12 juin 1815.

Avant d'aborder le premier et le plus plausible de ces prétextes, celui qui se fonde sur la garantie dont était couvert le gouvernement napolitain, il est indispensable de rechercher si un pareil engagement pris par tels ou tels cabinets peut être obligatoire pour une tierce puissance. Il y a ici thèse générale et question particulière. Il faut nécessairement admettre ou rejeter le principe avant de juger son application. J'aurai, je crois, répondu aux diverses objections que j'ai indiquées, si je résous d'une manière satisfaisante les questions qui suivent :

1° Les cabinets réunis de plusieurs puissances ont-ils droit d'empêcher un autre gouvernement de recevoir dans sa forme des modifications plus ou moins étendues?

2° Les cabinets réunis de plusieurs monarchies absolues sont-ils fondés à rompre leurs rapports avec le gouvernement constitutionnel de Naples, ou seulement à refuser de le reconnaître, sous prétexte que ce gouvernement a été établi en conséquence d'une révolution, tandis que les puissances s'étaient mutuellement engagées à garantir la stabilité des gouvernements tels qu'ils avaient été reconnus par le congrès de Vienne?

3° Le refus que font les puissances de reconnaître le gouvernement actuel de Naples peut-il être justifié par des motifs tirés de la nature des causes de la révolution qui a changé la forme de ce gouvernement, des prétendus dangers que cette révolution entraîne pour l'ordre social, ou de la non-liberté de Sa Majesté sicilienne?

4° L'Autriche, en raison du voisinage de

ses possessions avec le royaume des Deux-Siciles, a-t-elle, dans cette circonstance, un titre qui l'autorise à exiger le rétablissement du pouvoir absolu à Naples, ou seulement l'adoption de modifications quelconques dans la forme du gouvernement de ce royaume?

5° Le droit de traiter en ennemi le royaume de Naples pour cause des changements survenus dans son organisation a-t-il pu être produit par des conventions antérieures; et, par exemple, ce droit est-il acquis à l'Autriche en vertu du traité conclu en 1815 entre les deux états?

6° En mettant de côté la question du droit que peuvent avoir ou n'avoir pas les puissances de traiter en ennemi le gouvernement constitutionnel de Naples, cette conduite de leur part est-elle conforme à leur véritable intérêt?

7° Les cabinets des monarchies absolues, avant de se décider pour la paix ou pour la guerre, ayant jugé à propos de se présenter comme médiateurs, le gouvernement constitutionnel de Naples peut-il les considérer comme tels, et doit-il accepter cette prétendue médiation ?

Ces questions, on ne saurait le nier, sont posées non-seulement, d'après les principes de la morale universelle, mais aussi d'après les règles d'une saine politique. Leur solution sortira tout ensemble de l'intérêt bien entendu des états comme de leur droit respectif. Un temps viendra, il faut l'espérer, où l'intérêt et le droit ne pourront plus être séparés impunément. Peut-être même le moment en est-il déja venu ; peut-être, dès à-présent, le calcul le plus raisonnable pour les monarchies absolues comme pour les gouvernements libres, serait-il de renfermer l'intérêt dans la limite du droit ; mais enfin je fais à la politique surannée, autant que fausse, des cabinets, toutes les concessions qu'elle peut réclamer : elle n'en sera pas moins forcée de reconnaître que l'examen de la question d'intérêt, comme celui de la question de droit, aura pour résultat l'improbation de tout acte d'hostilité de la part des gouvernements absolus contre la monarchie constitutionnelle de Naples.

DU CONGRÈS DE TROPPAU.

CHAPITRE PREMIER.

Les cabinets réunis de plusieurs monarchies absolues ont-ils droit d'empêcher le gouvernement d'une autre monarchie d'admettre dans sa forme des modifications plus ou moins restrictives du pouvoir absolu?

Je ne mets en scène dans cette question que les cabinets des monarchies absolues, quoique les cinq principales puissances de l'Europe aient jusqu'à ce jour suspendu leurs relations de bonne amitié avec le gouvernement napolitain. Si, parmi les adversaires formant des projets d'agression contre le royaume de Naples, je ne place point le cabinet britannique, ce n'est pas que je ne croie ce cabinet très-capable de vouloir par-tout étouffer la liberté à sa naissance ; mais il a un intérêt trop évident à empêcher la destruction des états d'Italie et l'envahissement complet de cette contrée par une seule puissance, pour que cet intérêt de premier ordre ne l'emporte pas en définitive sur sa tendance illibérale et despotique. De même, si je m'abstiens de montrer la France sur le premier plan, le ministère ne doit pas s'en plaindre ; car son hésitation seule à l'égard du gouvernement napolitain est, sous un double point de vue, le plus palpable des contre-sens, et il ne doit pas trouver mauvais qu'on le laisse inaperçu dans le rang subalterne où il a consenti à se placer. Au fait, trois gouvernements semblent pouvoir seuls s'entendre dans des idées offensives contre Naples, et peut-être même, sous quelques rapports, ces trois gouvernements peuvent-ils se réduire à deux. Dans presque tous les objets sur lesquels s'exerce la politique des cours, il y a, d'ordinaire, plusieurs sortes de motifs, un motif patent et un motif secret, un motif d'utilité prétendue commune, et un motif d'utilité particulière. Dans l'union actuelle (s'il y a union) des cours de Vienne, de Berlin et de Pétersbourg, on ne saurait douter que ces diverses sortes de motif n'existent plus ou moins pour chacune de ces trois cours; cependant nous ne voulons .oir dans leur conduite que les motifs avoués, proclamés par elles-mêmes, le désir et le devoir de veiller au repos de l'Europe, à la sécurité des gouvernements. Nous nous plaisons à considérer les cabinets comme unis dans cette intention dont le principe est assurément très-louable et digne de la reconnaissance des peuples; mais la pureté de l'intention les autorise-t-elle à s'arroger un droit de surveillance et une véritable suprématie sur l'organisation intérieure d'une nation étrangère? Telle est la première question qui se présente. Posée ainsi en termes généraux, cette question est presque un lieu commun dès long-temps débattu et dont la solution ne peut guère être incertaine. Je me dispenserais même tout-à-fait d'une pareille discussion, s'il n'existait aujourd'hui une classe d'hommes sans pudeur, qui, fauteurs du pouvoir absolu par nature ou par calcul, traitent avec un si insolent dédain les droits imprescriptibles des nations, que tout écrivain qui veut se livrer à l'examen d'une question de droit public ou de droit naturel, doit commencer par la démonstration mathématique des plus simples vérités. Les tribuns du despotisme, non moins passionnés que ceux qui en d'autres temps ont affecté de voir le pouvoir souverain dans le caprice des prolétaires, prêchent en 1820 avec la même modération la souveraineté de l'oligarchie, le droit divin du privilége, l'autocratie des princes et le bon plaisir des grandes puissances à l'égard des états inférieurs. Ardents provocateurs des coalitions, ils appellent la destruction et la mort sur les peuples coupables qui brisent les échafauds du fanatisme, et purgent leur sol de la double tyrannie de la superstition et de la féodalité. Dans leur frénésie insensée, il leur tarde de voir éclater la foudre sur les deux péninsules, et de pouvoir, à l'aspect de Madrid et de Naples ensanglantées, dire froidement comme Sylla : « Ce « sont quelques malfaiteurs que l'on châtie « par mes ordres. » S'il n'est pas au pouvoir de la raison de guérir une fureur vénale et calculée, elle peut sans doute, sinon lui arracher, du moins émousser ses armes et rendre ses traits impuissans. La raison, calme et tranquille, réduit le sophisme à sa juste valeur en le dépouillant du vain entourage de la déclamation et de l'injure. Pour marcher sans péril elle assure ses premiers pas, et se forme un rempart du haut duquel elle repousse les assauts de ses ennemis. C'est ainsi que je me propose de procéder dans le travail auquel je me livre. Je ne veux m'avancer qu'en m'appuyant sur des autorités inattaquables. Je ne me flatte pas d'échapper à l'invective : chaque jour nous voyons traiter de doctrine anarchique les principes les plus incontestables du droit de la nature et des gens ; mais au lieu d'employer l'argumentation plus hardie à laquelle l'état général des lumières nous autorise, je veux bien ne partir que des points avoués par le pouvoir lui-même, je me contente des maximes proclamées par ses plus zélés avocats ; je resterai dans le domaine des docteurs de l'école, et si l'on me trouve encore entaché d'un *libéralisme* répréhensible, je serai du moins démagogue à la manière de Grotius, et *radical* comme Vatel et Puffendorf. Pour trancher la question que je viens de poser, je n'aurais besoin que de citer ce qu'ont dit ces publicistes et tant d'autres non moins recommandables sur l'égalité et l'indépendance des nations. Il est sur cette matière des principes généraux dont la mauvaise foi seule pourrait méconnaître la certitude. La réunion de plusieurs états dans un système, ne crée pas pour eux le droit de soumettre un tiers à ce système. L'identité de forme entre plusieurs gouvernements, ne produit pas un titre de suprématie pour plusieurs sur un seul. Venise et Gênes, restées républiques, n'ont jamais prétendu empêcher Florence de se soumettre à des princes et à des ducs. D'un autre côté, la conformité de vues de plusieurs états forts ne légitime pas l'action de la force à l'égard d'états faibles, pour les obliger à entrer dans les mêmes vues. Vouloir que tel degré de puissance doive donner à certains états un droit quelconque sur les autres, ce serait vouloir que dans chaque état en particulier la force physique établît une prééminence entre les citoyens. Comme, dans l'ordre civil, la loi maintient l'équilibre malgré l'inégale distribution de la force entre les individus, il y a pour le monde politique une loi souveraine d'où dérive l'égalité des états entre eux. Tous les états, grands ou petits, ont les mêmes obligations comme les mêmes droits. « Un nain, dit Vatel, est aussi bien un homme « qu'un géant : une petite république n'est pas « moins un état souverain que le plus puis- « sant royaume. » Il en est de l'indépendance des nations comme de leur égalité. « Se gou- « verner soi-même à son gré, ajoute le même « écrivain, est l'apanage de l'indépendance... « Toute nation est en plein droit de former « elle-même sa constitution, de la maintenir, « de la perfectionner et de régler à sa volonté « tout ce qui concerne le gouvernement, sans « que personne puisse l'en empêcher.... S'il « arrive donc que la nation soit mécontente « de l'administration publique, elle peut y « mettre ordre et réformer le gouvernement. « Si elle se trouve mal de la constitution « même, elle est en droit de la changer. » Je prévois ici une objection inévitable, mais qui n'a rien en elle-même de solide, c'est qu'on ne doit pas considérer comme l'ouvrage d'une

3

nation, ce qui n'est, selon nos adversaires, que l'ouvrage d'un parti ou même d'une secte. Sans approfondir pour le moment ce genre d'objection, je me borne à dire que tous les gouvernements, quelle qu'en ait été la forme, ont toujours regardé le silence des nations comme un consentement véritable : c'est de ce consentement tacite, que tous s'appuient pour tâcher de se maintenir dans leurs attributions préexistantes. On peut donc admettre au présent ce qu'ils admettent au passé. « Quand une nation se tait, elle est censée « approuver la conduite des supérieurs, ou « au moins la trouver supportable. » Dans la circonstance dont il s'agit, la nation napolitaine fait certainement autre chose que de se taire, ce n'est point par son silence seul qu'elle sanctionne la forme de gouvernement nouvellement introduite ; c'est par ses acclamations, par ses actes, par son ardeur à voler aux frontières pour le défendre. « En suppo- « sant même qu'il s'élevât des troubles inté- « rieurs à l'occasion des lois fondamentales (1)

(1) Vatel.

« de l'état, il appartient uniquement à la « nation d'en juger.... Si quelque puissance « étrangère s'ingère dans les affaires domes- « tiques d'une autre, si elle entreprend de la « contraindre dans ses délibérations, elle lui « fait injure. » Je m'abstiens d'entasser sur ce sujet une foule de citations tirées de plusieurs autres publicistes, qui expriment les mêmes vérités dans des termes différents. Je n'ignore pas qu'il est un pays et des tribunaux (1) où l'on conteste l'autorité de ces publicistes, mais en ce moment j'écris pour l'Europe et non pour un tribunal particulier. La cause que je plaide demande d'autres juges, et sur-tout d'autres avocats-généraux. En raisonnant donc d'après les principes adoptés par des écrivains qui se piquaient peu de libéralisme, je demande à quel titre les cabinets réunis de plusieurs monarchies absolues prétendraient im-

(1) M. l'avocat-général, auquel on opposait des passages de Montesquieu, Rousseau, Puffendorf et Vatel, *s'est étonné qu'on osât chercher des appuis dans des écrivains qui avaient été autrefois censurés, condamnés.....* (*Journal des Débats* du 8 novembre 1820.)

poser à une nation et à son roi l'obligation de conserver, dans l'intégralité des attributions dont elle se compose, telle forme particulière de gouvernement. Y aurait-il dans la monarchie absolue quelque chose de sacré qui dût être en dehors de l'action des peuples et au-dessus de la variation de leurs sentiments, de leur volonté et de leur intérêt ? Je sais bien qu'à l'exception de quelques sectateurs effrontés de Hobbes, on n'a pas en général la hardiesse de soutenir que l'autorité royale ne puisse être renfermée dans des bornes plus ou moins étroites; mais il n'en est pas moins vrai que, si on n'établit pas hautement en dogme l'incommutabilité de la plénitude du pouvoir royal, les gouvernements agissent comme si ce pouvoir devait être pour jamais à l'abri de toute restriction. Tenter d'y introduire quelque modification de cette espèce, est à leurs yeux une révolte qu'ils se hâtent de réprimer par de prompts châtiments. Convaincus, apparemment par une inspiration surnaturelle que le pouvoir illimité des rois peut seul faire le bonheur des nations, les cabinets se croient appelés à les rendre heureuses malgré elles. Cette manière d'interpréter la conduite des puissances qui voudraient employer la force contre le royaume de Naples, est sans contredit celle qui doit les offenser le moins. Tout en applaudissant à la délicatesse du motif, les peuples ne peuvent que se refuser aux effets de tant de générosité et de tendresse. L'obligation où est chacun d'eux de contribuer au bien-être des autres, n'emporte point le droit de contraindre une nation à subir ce que l'on prétend faire pour elle et dans son intérêt. On a beau dire aux peuples : *c'est pour votre bien*, ils n'accepteront jamais comme un bien ce qui leur est imposé par la force étrangère. « Pour contraindre (1) quelqu'un à recevoir un bienfait, il faut avoir autorité sur lui, et les nations sont absolument libres et indépendantes. » Je ne suppose pas que nos adversaires viennent invoquer à ce sujet l'autorité de Grotius, qui admet une exception à ce principe. Cet écrivain veut que tout le monde ait droit de *châtier* une nation qui, par exem-

(1) Vatel.

ple, comme les anciens Gaulois, *mange de la chair humaine.* S'il se trouvait cependant quelque oligarque modéré aux yeux duquel rendre les bienfaits de la royauté communs à tous les citoyens de l'état fût un crime aussi grand que de manger ses semblables, nous lui ferions remarquer que la doctrine de Grotius a été, sur ce point, réfutée avec succès. On lui a répondu que le droit de *punir* ne pouvant dériver pour les nations comme pour les individus, que du *droit de sûreté,* ce droit de punir n'existe que contre ceux de qui on a reçu une offense. Les principes généraux que j'ai établis ne comportent ainsi qu'une seule exception, celle qui peut en certaines circonstances découler pour un état du *droit de sûreté*, question grave qui mérite d'être la matière d'un examen spécial. Si à l'opinion des politiques spéculatifs que je cite comme ayant professé ces mêmes principes, on veut joindre l'avis de personnages ayant titre à faire autorité dans la question, je prie le lecteur de jeter les yeux sur les proclamations publiées en 1813, 1814 et 1815, par divers souverains, notamment par les princes aujourd'hui réunis en congrès, et par les commandants en chef de leurs armées : je recommande sur-tout à une attention particulière deux déclarations datées de Francfort en 1813, et de Châtillon en 1814, le traité de Chaumont et le traité même de la sainte alliance. Par tant de raisons et d'exemples il me semble démontré que comme les cabinets réunis de plusieurs puissances n'ont nul droit d'empêcher une nation de modifier son gouvernement, ils sont bien moins fondés encore, cette modification étant une fois opérée, à prétendre reporter, malgré lui, un état du système nouveau qu'il vient d'établir, au système précédent qu'il a répudié. De ce principe considéré ainsi en thèse générale, je passe à son application dans les débats du congrès de Troppau, avec la monarchie constitutionnelle de Naples.

CHAPITRE II.

Les cabinets actuellement réunis de plusieurs puissances sont-ils fondés à rompre tout rapport avec le gouvernement napolitain, ou seulement à refuser de le reconnaître, sous le prétexte qu'il vient de recevoir une forme nouvelle *en conséquence d'une révolution*, tandis que les puissances s'étaient mutuellement engagées à garantir la stabilité des gouvernements tels qu'ils avaient été reconnus par le congrès de Vienne?

Si j'ai bien saisi tout ce qu'il y a de plus substantiel dans les pièces officielles ou inofficielles émanées des chancelleries de Vienne et autres, l'affirmative de cette question est le principal argument par lequel les puissances cherchent à justifier leur manière de procéder à l'égard de la monarchie constitutionnelle de Naples. D'une part, le refus que font les puissances de reconnaître le gouvernement actuel de Naples s'appuie sur ce que ce gouvernement a été établi en conséquence d'une révolution : d'un autre côté, elles fondent ce même refus sur l'engagement qu'elles ont pris entre elles de maintenir les gouvernements tels qu'ils ont été reconnus en 1815.

Avant d'entrer en matière, je crois devoir exposer une réflexion qui n'est pas, ce me semble, sans quelque valeur. On menace de traiter en ennemi le gouvernement napolitain, ou du moins on refuse de le reconnaître ! Mais sous quel point de vue y a-t-il à reconnaître ou à ne pas reconnaître ce gouvernement ? Les relations des états s'entretiennent par des communications de ministres qui tiennent leurs pouvoirs du chef de l'état. Il y a lieu à reconnaissance nouvelle, lorsque le chef de l'état vient à changer ; lorsqu'un prince nouveau succède à un prince reconnu jusqu'alors ; lorsque, par exemple, Joseph remplace en Espagne Ferdinand VII ; Joachim, à Naples, Ferdinand IV. En est-il donc ainsi au moment où nous sommes ? Depuis le mois de juillet 1819, le chef du gouvernement napolitain n'est-il donc plus le même ? Le roi, sans cesser de régner, aurait-il cessé de diriger la politique extérieure de son royaume ? aurait-il été dépossédé de cette importante attribution, et quelque autre corps ou individu èn aurait-il été investi ? Non, la royauté est demeurée saisie de ce bel apanage : le roi de Naples est, comme auparavant, le protecteur des intérêts de sa nation dans les rapports qu'elle peut avoir avec les gouvernements étrangers. Ce prince n'a donc pas besoin d'être reconnu de nouveau, et la suspension des relations qu'avaient avec lui les diverses cours est un affront dont il a droit de se plaindre. Mais on reconnaissait en lui le chef d'une monarchie illimitée, et maintenant il n'est plus que le chef d'une monarchie constitutionnelle ! C'est toujours là qu'aboutit la doctrine des gouvernements absolus. Par-tout on retrouve de leur part une violation manifeste de l'indépendance des états. On s'en convaincra encore plus en procédant à l'examen des deux propositions qui forment la principale justification de leur conduite. D'abord les cabinets absolus refusent de reconnaître le gouvernement actuel de Naples parce que c'est en conséquence d'une révolution qu'il a été établi ; mais quelle est la mutation un peu importante opérée dans la forme d'un gouvernement à laquelle le mot de révolution ne puisse et même ne doive être appliqué ? Est-il possible de donner une autre qualification à tout changement plus ou moins brusque qui fait d'un gouvernement libre un gouvernement despotique ou d'un gouvernement despotique un gouvernement libre ? et, s'il est des circonstances particulières où l'on puisse s'abstenir de donner le nom de révolution à ces sortes de changements, n'est-ce pas lorsqu'ils ont été conçus avec des intentions généreuses, et exécutées sans aucun acte de violence ? Sous ce rapport, la révolution de Naples ne peut-elle pas justement s'enorgueillir de la pureté des vues et de la modération des hommes qui l'ont entreprise et consommée ? Il est vrai que, dans tous les siècles, on a vu la politique de quelques puissances, par une temporisation calculée, différer de reconnaître des changements survenus en d'autres états, lorsqu'elles ne les jugeaient pas conformes à leurs intérêts particuliers : on a vu cette politique avide spéculer sur ces refus, mettre son adhésion à l'enchère, et faire payer à un état étranger le libre usage des droits qu'il tient de la seule nature ; mais encore, là où ces refus se sont montrés le plus opiniâtres, qu'ont-ils produit ? des guerres qui ont tourmenté le genre humain pour se terminer par la reconnaissance de ces mêmes gouvernements que l'on voulait faire disparaître de la surface du globe. Après une résistance aussi sanglante qu'inutile, on finit par fléchir sous l'impérieuse loi de la nécessité. Combien en effet de ces gouvernements établis par des révolutions que les puissances dominantes ont d'abord traités avec dédain, menacés de leur courroux, et qu'elles ont reconnus ensuite de la manière la plus solennelle ! Combien même, d'un autre côté, de révolutions diverses et même de révolutions populaires que la politique des rois a non-seulement approuvées, mais qu'elle a secondées de tous ses moyens et de toutes ses ressources !

On refuse aujourd'hui de reconnaître le gouvernement napolitain, parce que c'est une révolution qui, d'absolu qu'était ce gouvernement, en a fait un gouvernement constitutionnel ! Mais les provinces unies des Pays-

Bas ont, par une révolution, rompu les liens qui les attachaient à l'Espagne : elles ont proclamé ennemi leur ancien prince : elles se sont donné un gouvernement nouveau, et parmi les monarques qui reconnaissent ce nouveau gouvernement, j'en apperçois deux dont le nom est de quelque poids, Henri IV et Élisabeth. Plus tard ce gouvernement est reconnu par les autres puissances, et, à la paix de Westphalie, par l'Espagne elle-même. La république d'Angleterre vient effrayer l'Europe, et tous les rois de l'Europe s'empressent de reconnaître la république d'Angleterre. Guillaume III détrône son beau-père, et la révolution de 1688, favorisée par l'Europe qui voit dans Guillaume un appui contre Louis XIV, n'est combattue que par Louis XIV dont le ministère avait autrefois caressé Cromwel, mais qui apercevait plus d'avantages pour son ambition dans le maintien des Stuarts. Les provinces anglaises de l'Amérique Septentrionale secouent des chaînes dont la mère-patrie refuse d'adoucir le poids. Le gouvernement établi en Amérique est aussitôt reconnu par la France. L'Angleterre, après d'inutiles combats, salue comme nation libre et indépendante les prétendus rebelles qu'elle n'a pu dompter. A l'exemple de l'Angleterre, la France se change en république, et, par une affreuse ressemblance dans la destinée des deux pays, Louis XVI monte sur l'échafaud de Charles Ier. Les rois de l'Europe traitent avec la république française comme ils avaient traité avec la république d'Angleterre. Cependant quel rapport existe-t-il entre ces sanglantes révolutions et la révolution pacifique qui, dans Naples, loin d'altérer l'amour du peuple pour son roi, a rendu le monarque plus cher encore à son peuple ! Les gouvernements que l'apparition de la monarchie constitutionnelle des Deux-Siciles blesse et irrite si vivement n'ont-ils donc d'égards que pour la violence, de respect que pour les ouragans et les tempêtes ?

Nous voulons croire qu'une considération grave est le mobile de leur conduite. Une raison éclairée leur commande de repousser les révolutions dont la force armée est le principal instrument. Ce motif est très-légitime : nul ami de l'ordre ne peut desirer de voir le trône à la merci des gardes prétoriennes, et le repos des nations livré au caprice des janissaires, mais n'y a-t-il pas ici contradiction, incompatibilité entre les noms et les choses ? Des janissaires qui demandent le règne des lois ! des gardes prétoriennes qui invoquent un régime constitutionnel ! n'est-ce pas le comble de l'absurdité d'appliquer de pareils noms aux prudents et circonspects auteurs des révolutions de Naples et d'Espagne ? La force armée a pris part à ces révolutions, j'en conviens. Malheureusement le concours de la force armée est presque inévitable en de pareils mouvements. Quelles sont celles des révolutions de tous les pays qui n'ayent eu besoin d'être secondées par la force militaire ? Ce qui distingue les révolutions récentes dont il s'agit, c'est que la force militaire n'y a figuré que comme appui de la force morale. Les gardes prétoriennes vendaient l'empire au plus offrant. C'était un infâme trafic dans lequel le genre humain entrait comme un objet de commerce. Les janissaires, par indiscipline ou par avarice, immolent un despote pour se soumettre à un despote nouveau. A Naples, à Madrid, les guerriers qui, s'ils sont répréhensibles d'être sortis du devoir de l'obéissance, ne s'en sont écartés que pour demander des constitutions à leurs rois, ont prouvé, par leur modération et par les résultats de leur conduite, que, soldats un moment insoumis, ils n'avaient pas un seul jour cessé d'être citoyens dévoués à leur patrie, sujets fidèles à leur roi. Toute révolution est un mal, mais une constitution est un bien. L'un passe et l'autre demeure. Lorsqu'une révolution s'opère avec tant de facilité, c'est qu'elle était déja faite dans les esprits et que le moment en était venu. Dans le royaume de Naples comme en Espagne, une constitution était désirée par la partie pensante de la nation : elle a été obtenue par la partie de la nation qui à la pensée unissait la force et le courage. Dans un pareil état de choses, est-ce un mal que les révolutions, puisqu'elles sont inévitables, s'exécutent par l'action décisive de la force armée ? Je ne le pense pas. L'un des principaux correctifs des révolutions ainsi opérées, c'est qu'elles peuvent se dispenser d'être cruelles. Une sorte de discipline subsiste encore même dans l'acte le plus contraire à la discipline : on procède régulièrement à un mouvement irrégulier, et, l'ascendant de la force rendant la résistance impossible, le plus fort n'est point entraîné à frapper les dissidents. Les Pepe, les Quiroga, que je ne juge point définitivement parce que leur carrière n'est pas terminée, ont épargné à leurs princes les dangers de commotions plus violentes. En associant le trône au bienfait des grandes réformations qui ont eu lieu, ils ont été les défenseurs des rois, les sauveurs de la royauté même. Que serait devenue la royauté à Madrid et à Naples, si dans ces deux pays il eût fallu recevoir des mains d'une populace soulevée les indispensables réformations qu'appelaient de toutes parts les vices des institutions anciennes comme les mœurs et les besoins des temps actuels ? On peut s'étonner que ces révolutions armées excitent aujourd'hui tant d'indignation et de colère dans les cabinets des rois. Cette susceptibilité est étrange; et le scrupule, nouveau de leur part. Il n'est pas nécessaire de remonter bien loin pour en trouver la preuve. Aux révolutions de Naples et d'Espagne opposons la révolution de Suède en 1772. Les deux premières sont, dit-on, l'ouvrage de soldats parjures et de citoyens révoltés! Celle de Suède a-t-elle un autre caractère? N'est-elle pas aussi, mais à la vérité en sens inverse, l'ouvrage d'un roi infidèle à ses serments et de soldats qui sacrifient la liberté de leur pays à l'ambition de leur roi? Les événements de Naples et de l'île de Léon sont encore sous nos yeux; reportons nos regards en arrière et arrêtons-les un moment sur la révolution de Suède.

Gustave III, à son avènement au trône en 1771, avait signé *un acte de sûreté, par lequel il reconnaissait la constitution de 1720, jurait une haine éternelle au pouvoir absolu, et déclarait coupable de trahison quiconque tenterait de le rétablir.* Il ne se contente pas d'avoir donné ce premier gage à la liberté suédoise : il exprime les mêmes sentiments dans tous ses discours, il confirme ce même acte de sûreté dans la diète qui est convoquée en mars 1772, et il le signe avec toutes les démonstrations de la bonne foi et de la loyauté! Quelques mois plus tard, le 19 août, s'ouvre une scène nouvelle, et Stockholm voit éclater une conspiration toute militaire. Dès le matin,

Gustave s'est entouré d'officiers dévoués à ses vues : il exige d'eux un serment contraire à celui qu'ils ont prêté aux états : il se rend à un corps-de-garde, il caresse les soldats, implore leur secours sous prétexte que sa vie est menacée ; il trouve de l'hésitation, il la partage, mais un sergent s'écrie : « Allons, c'est décidé, « vive Gustave III ! » et ce mot le décide lui-même. « Eh bien, répliqua-t-il, je vais donc « suivre ma fortune. » Il envoie des grenadiers contre les sénateurs, les force à rentrer dans la salle de leurs séances et les y tient prisonniers. Une écharpe blanche au bras, il parcourt la ville, harangue le peuple, se fait prêter serment par les troupes, leur distribue de la poudre et des balles, place de l'artillerie sur les ponts, dans toutes les avenues, fait braquer le canon contre le château où le sénat est renfermé, et s'assure de la personne de tous les hommes dont il redoute l'esprit d'indépendance et le courage. Dans l'espace de quelques heures, ce prince, qui le matin était le premier sujet des lois, se trouve au-dessus de toutes les lois : le monarque constitutionnel est devenu en un instant, disent ses historiens,

Sheridan et *Posselt*, un prince aussi absolu que Frédéric II à Berlin, Louis XV à Paris, ou Mustapha III à Constantinople. Le surlendemain, le 21 août, le palais du roi est entouré de troupes : on place de l'artillerie devant la salle des états : des canonniers sont auprès de chaque pièce, mèche allumée, prêts à y mettre le feu au premier signal : on empêche les différents ordres de se réunir, selon l'usage, dans leurs salles respectives : chacun des membres de la diète parvient, comme il peut, au lieu des séances ; le maréchal du royaume y figure sans les marques de sa dignité. C'est au milieu de cet appareil que Gustave, qui, peu de mois auparavant, avait juré le maintien des anciennes lois, en proclame l'anéantissement, et dicte une constitution nouvelle pour laquelle il demande un assentiment dont il a rendu le refus impossible. Il exige un serment, en prescrit la formule, et, par une hypocrisie digne de l'ensemble de sa conduite, il prend un livre d'église, et commence à chanter un *Te Deum* que la diète continue avec lui. Ainsi procède Gustave III envers la nation suédoise. Comment se conduit-il envers les puissances étrangères ? Cette révolution ne pouvait pas être également agréable à toutes. Le 19 août, rentré triomphant de son expédition, il invite à dîner les ambassadeurs accrédités auprès de lui. Quelques-uns ne se rendent pas à cette invitation. Sous prétexte de veiller à leur sûreté, il fait placer une garde autour de leurs hôtels. Ce langage est entendu : tout le corps diplomatique est bientôt rendu au château, et Gustave reçoit les félicitations, volontaires et empressées de plusieurs des membres de ce corps, tels que les ambassadeurs de France et d'Espagne, équivoques et forcées de la part des ambassadeurs de Russie et d'Angleterre. On sait que cette révolution ne pouvait pas être agréable aux cours de Pétersbourg et de Londres, dont elle détruisait l'influence à Stockholm. Chose curieuse ! c'était sur-tout l'autocratie russe qui mettait alors une grande importance au maintien de la liberté en Suède. Il existait même, entre Catherine et Frédéric II, un traité par lequel la cour de Berlin, cédant aux instances de cette princesse, garantissait, de concert avec elle, la constitution suédoise de 1720. Cependant l'Europe s'ébranla-t-elle pour délibérer sur les moyens qu'exigeait la révolution militaire opérée par Gustave? L'Angleterre qui, indépendamment de ses intérêts comme puissance, pouvait, comme nation libre, prendre une part plus vive aux destinées de la nation suédoise, fit-elle quelque armement pour rendre à cette brave nation ses anciennes libertés? Que faisait de son côté l'Autriche qui, de nos jours, met tant d'activité dans ses provocations contre le royaume de Naples? Quant au cabinet de Pétersbourg, il était à la vérité obligé de porter son attention vers la Turquie: ses forces occupées dans le midi n'auraient pu que difficilement se livrer à des entreprises hasardeuses dans le nord; mais si ce sont des considérations accidentelles qui arrêtèrent ainsi le cabinet de Pétersbourg, ne devra-t-on pas en conclure que les révolutions dans les gouvernements sont licites ou défendues, justes ou injustes, selon l'à-propos? Sans rechercher les causes qui déterminent les autres cours à rester spectatrices tranquilles de la révolution militaire de Suède, ne doit-on pas induire de cette immobilité que, dans la doctrine de ces cours, révolutionner les peuples libres pour les asservir est un acte permis aux princes, tandis que rompre les chaînes d'une administration vicieuse, tout en respectant les rois, est de la part des peuples un acte condamnable et digne de châtiment. Mais la Suède n'est pas le seul pays qui ait offert des révolutions militaires à laquelle l'Europe ait applaudi. Je ne parle point de cette révolution qui, dans le mois de mai 1814, sous l'appui de quelques chefs de l'armée espagnole, punit l'Espagne en lui ravissant la liberté, du courage avec lequel elle avait défendu son indépendance, de cette révolution qui frappa de mort ces mêmes cortès dont la loyauté et l'inépuisable persévérance avaient sauvé le trône du prince et le territoire du pays. Une sorte d'indulgence illimitée est assurée d'avance aux anciennes dynasties même dans leurs plus inconcevables écarts, et les peuples, toujours faciles pour elles, se plaisent à oublier les torts qu'elles ont eus, dès qu'elles annoncent la volonté sincère de les réparer. En citant cette révolution funeste, j'excuse Ferdinand VII et ne blâme que ses perfides conseillers. Je n'insiste point non plus sur la révolution qui, en 1809, soutenue par l'assentiment de l'armée suédoise, arrache à Gustave IV une abdication forcée et place sur le trône le duc de Sudermanie, pour faire passer ensuite la couronne de ce pays à une famille étrangère. C'est un oncle qui d'abord monte sur le trône d'où son neveu est forcé de descendre. Les détrônements de cette espèce renfermés dans les familles royales n'ont jamais été un crime irrémissible aux yeux des rois; d'ailleurs une grande puissance trouve dans cette déposition d'un roi le gage de l'irrévocabilité d'une cession qui est pour elle d'un grand prix. Bientôt l'intérêt des états qu'effraient les succès de Napoléon dispose les cabinets à reconnaître dans un plébéien l'héritier de Charles XIII; et Bernadotte, né Français, paie de ses combats contre la France son affermissement sur le trône et sa légitimité. Ce genre de révolution n'était pas une nouveauté en Suède, et le droit longtemps exercé par la nation d'élire ses rois, en renaissant de ses cendres après une suspension plus ou moins longue, a pu autoriser l'indifférence qu'ont montrée sur cet événement les puissances étrangères; mais lorsque Cromwel, détruisant un pouvoir qu'il a fait servir à son élévation, pénètre dans le parlement, ordonne à un soldat de se saisir de la *masse* de l'orateur comme d'un colifichet inutile, fait vider la chambre, inscrit sur sa porte: *Maison à louer*, et s'attribue une autorité sans bornes sous le modeste nom de protecteur, l'Europe refuse-t-elle de le reconnaître? Plus récemment l'Europe a-t-elle refusé de reconnaître Napoléon Bonaparte lorsque, répétant dans Saint-Cloud la scène de Cromwel à Londres, il s'achemine sous le nom de consul au pouvoir suprême qu'il exercera bientôt sous le nom d'empereur? C'est peu de reconnaître et Napoléon et Cromwel : les cabinets sont à genoux devant ces princes nouveaux : les rois sont leurs courtisans et leurs flatteurs. Quel vaste sujet de méditation pour l'observateur impartial! Les oppresseurs de la liberté des nations sont encensés par les cabinets, honorés, caressés par les rois? La haine des cabinets, la colère des rois attendent les vengeurs de la liberté des peuples! Honneur aux César qui asservissent leurs concitoyens! Anathême aux Washington qui les affranchissent ! Si telle a été dans tous les temps la morale pratique des cabinets, si tous ont, à des époques simultanées ou diverses, conclu ou maintenu des traités d'amitié et même d'alliance avec des gouvernements qui venaient d'être transformés par des révolutions, les uns, de gouvernements libres en gouvernements despotiques, les autres de gouvernements despotiques en gouvernements libres, à quoi se réduit l'allégation mise en avant aujourd'hui pour justifier le refus qu'ils font de reconnaître le gouvernement constitutionnel de Naples ?

Mais si cette première partie de l'argument a par elle-même peu de consistance, peut-être reçoit-elle plus de force de la seconde proposition, c'est-à-dire, de l'engagement pris par les puissances entre elles de maintenir la stabilité des gouvernements tels qu'ils ont été reconnus par le congrès de Vienne. Je rappellerai d'abord que cette proposition a déja été implicitement résolue, et d'une manière péremptoire dans le chapitre précédent. Comment en effet, sans violer l'indépendance des nations, pourrait-il être loisible à telles ou telles puissances de former entre elles des contrats destructifs des droits d'un tiers? Comment pourrait-il être loisible aux cabinets des monarchies absolues de décréter, même pour les autres états, la servitude éternelle du genre humain, de telle manière que, dans tout pays soumis à un pouvoir illimité, la limitation de ce pouvoir fût un crime qui attirât sur ce pays l'extermination et la mort? Si c'est un acte évident d'usurpation sur les droits des hommes et des peuples que de conclure de pareilles conventions, ce serait un acte d'iniquité et de barbarie de les exécuter. Que de tels engagements soient pris, qu'ils soient annoncés avec éclat comme moyens comminatoires et préventifs, on peut, jusqu'à un certain point, le comprendre; mais, que de la menace on passe à l'exécution, et que cette exécution soit remise à la force des baïonnettes, la justice s'indigne et l'humanité frémit. Lorsque j'arriverai à la question de l'article secret du traité conclu, en 1815, entre l'Autriche et le royaume des Deux-Sicilés, j'aurai encore occasion d'établir, par des preuves nouvelles, l'illégitimité de ces sortes de contrats : pour le moment je me borne à en faire ressortir l'inconvenance et l'absurdité. En effet, pour qu'un pareil mode d'argumentation eût quelque poids rationnellement, il faudrait admettre que le congrès de Vienne a pu commander au monde une immutabilité qui est contre la nature des institutions humaines, et que Dieu même ne pourrait prescrire sans avoir préalablement changé cette nature des choses. Ainsi, d'après la doctrine alléguée par les puissances, chacun des états dont les gouvernements ont été reconnus par le congrès de Vienne serait désormais condamné à être éternellement stationnaire! Il serait entendu et proclamé, comme article de foi, que tout ce qui existait en fait de gouvernement à l'époque de ce congrès était tout ce que l'on peut imaginer de plus parfait sur la terre! Il serait irrévocablement interdit à toute nation dont le gouvernement aurait été reconnu alors, de rien changer à son état domestique, d'améliorer son organisation, d'étendre ou de resserrer le jeu des ressorts dont cette organisation se compose, sans courir le risque d'attirer sur elle la colère de ces redoutables puissances! Le congrès de Vienne, dans ce système, eût été comme une seconde création du monde. Non-seulement, à dater de cette époque, une loi générale eût prescrit à chaque planète ses mouvements dans l'orbite qui lui est propre, mais elle eût assigné à chacune son mode d'existence intérieur, et imprimé à ce mode intérieur un caractère d'éternelle durée. Quelque sagesse que l'on puisse admettre dans les illustres personnages qui ont présidé au congrès de Vienne, il ne leur appartenait pas de dire, comme le créateur, *tout est bien*; et si même ils ont pu dire *tout est bien* en ce qui concerne la répartition des forces dont chaque état a été doté par eux; s'ils ont pu, s'ils peuvent avec justice s'entendre pour maintenir chaque état dans les limites matérielles qui lui ont été tracées, il est hors de l'action des cabinets d'ordonner à d'autres peuples une invariable permanence dans tel ou tel système, dans telle ou telle forme, tel ou tel mode de gouvernement ou d'administration.

Il est au-dessus de leur puissance de communiquer à l'une de ces formes particulières une vertu d'indestructibilité que nulle institution humaine ne comporte ; et former une pareille prétention, ce n'est pas seulement vouloir usurper, c'est vouloir dépasser, les attributs de la Providence.

L'une et l'autre partie de l'argument que je viens de débattre me semblent d'autant plus victorieusement résolues, que, pour leur réfutation, le raisonnement ne s'est montré qu'appuyé sur des faits.

CHAPITRE III.

Le refus que font les puissances de reconnaître le gouvernement actuel de Naples peut-il être justifié par des motifs tirés, soit de la nature des causes de la révolution qui a modifié la forme précédente du gouvernement de ce royaume, soit des prétendus dangers que cette révolution entraîne pour l'ordre social, soit de la non-liberté de Sa Majesté le roi des Deux-Siciles ?

Je rassemble ici sous un même titre plusieurs des objections mises en avant par les puissances, parce que toutes ces objections se confondent réellement dans un même grief, la nature perverse, suivant elles, du genre de révolution qui a fondé à Naples un gouvernement représentatif. Quelles sont en réalité les causes de la révolution de Naples? Les mêmes que celles de la révolution de France, que celles de la révolution d'Espagne ; les mêmes qui portent les princes absolus, en divers pays, à donner spontanément des constitutions représentatives à leurs peuples. Ces causes sont dans les vices des anciennes institutions. Le progrès seul de l'instruction fait apercevoir ces vices et en montre le remède. Chercher ailleurs l'origine des révolutions dont nous sommes les témoins, c'est vouloir faire sortir de causes partielles ce qui dérive d'une cause générale; c'est vouloir, dans le mécanisme du monde, attribuer à quelque principe, propre au coin de terre que nous habitons, un phénomène qui résulte de l'organisation de l'ensemble. Que disent au contraire les adversaires de la révolution de Naples? Au lieu de reconnaître la défectuosité des institutions existantes et le besoin de leur amélioration ou de leur changement, ils imputent à des individus l'ouvrage des masses, et à une volonté capricieuse l'effet d'une irrésistible nécessité. S'il faut les en croire, la révolution de Naples a sa source dans l'esprit de révolte dont est possédée une secte nouvelle; et il est impossible de souffrir que des sectes disposent ainsi de la forme des gouvernements. On pourrait contester le fait : pour le moment, nous voulons bien l'admettre. Nous remarquerons seulement qu'il faut être bien dénüé de raisons solides pour prétendre faire d'un mot un argument. Hé bien donc! c'est une secte qui, dans Naples, offre aux regards effrayés des cabinets, aux regards enchantés des peuples, la nation napolitaine et sa dynastie se liant l'une à l'autre par un contrat nouveau, dans lequel le roi garantit à la nation le règne uniforme et exclusif des lois, et la nation jure une inviolable fidélité à son roi. La secte qui opère de si grands miracles n'est pas à dédaigner sans doute, et le nom de secte devrait être ennobli par ce seul prodige, si déja d'autres miracles n'avaient dès long-temps appris au monde à en apprécier la valeur. Toutes les grandes innovations qui ont changé la face des états, n'est-ce pas presque toujours à des sectes qu'on les a attribuées? Souvent, ce que d'injustes préventions ont cherché à flétrir du nom de secte, a été un grand fleuve considéré à sa source. Cette religion sainte, qui enlace aujourd'hui d'une chaîne fraternelle tant de peuples divers, n'est-ce pas sous le nom de secte qu'elle a été proscrite à sa naissance? n'est-ce pas sous le nom de secte, qu'elle a fourni tant de victimes à l'échafaud? Le nom de secte a été sanctifié par ses martyrs. Je ne dirai pas que, dans nos temps modernes, les apôtres de la raison et de l'humanité n'ont pu faire entendre leur voix sans être proscrits sous le nom de secte de philosophes. Les noms de secte et de faction, et mille autres plus injurieux encore, ont servi dans tous les âges à désigner les promoteurs de principes nouveaux en fait de religion ou en fait de gouvernement, aussi long-temps que ces bienfaiteurs du genre humain ont eu des combats à livrer soit pour obtenir, soit pour conserver la victoire. Lorsque les braves Helvétiens rompirent les avilissantes entraves dont les garottaient leurs seigneurs féodaux, le nom de secte ne fut pas même accordé à cette poignée de rebelles : ce n'était qu'une troupe de *manants*, une *meute de rustauts*. Les Belges, secouant le joug sanglant de l'Espagne, n'étaient qu'une faction de *gueux;* et, depuis qu'en France le tiers-état a voulu entrer en communauté égale de droits avec les classes privilégiées, combien de qualifications outrageantes n'a-t-il pas eu à subir tour-à-tour ! Mais ces noms insultants disparaissent quand la justice de la cause a pour elle la sentence du succès. Il n'y a plus de *carbonari*, parce que tout le royaume des Deux-Siciles est devenu constitutionnel : ce que l'on nommait une secte est maintenant la nation. Je ne recherche point quelle a été l'origine de l'association ainsi désignée, quel esprit anime ses membres, quel but ils se proposent. Cet esprit, ce but sont constatés par des faits. Je considère les résultats, et je juge les hommes par leurs œuvres. Quel noble désintéressement dans la conduite des principaux auteurs de la révolution ! Morelli continue à servir comme lieutenant : de Conciliis a refusé toute récompense : Pépé a déposé le pouvoir : missionnaire de la liberté, Minichini n'aspire qu'à lui gagner les cœurs. Quel spectacle d'ailleurs s'offre dans Naples aux regards de l'Europe ? un trône respecté, un gouvernement qui marche d'un pas ferme vers un but honorable, et un heureux accord entre les députés de la nation et le monarque. L'Angleterre, depuis la grande charte arrachée au roi Jean jusqu'à la révolution de 1688, a eu à souffrir plusieurs siècles de misère, pendant lesquels un faux gouvernement représentatif ne faisait que légaliser l'oppression et la tyrannie; gouvernement d'autant plus affreux qu'il offrait quelques formes trompeuses de liberté, qu'il rendait les députés du peuple, nommés sous l'influence de la cour, les instruments des passions du pouvoir, de son avidité et de ses vengeances. La France, depuis trente ans, combat pour une liberté qui sans cesse lui est ravie, et que sans cesse il lui faut reconquérir. Trop de sang, et un sang trop précieux, a coulé dans ces combats. Plus pacifique et plus prompte a été la révolution d'Espagne. Moins d'obstacles s'y opposaient: quelques semaines l'ont v s'accomplir; mais, quoique opérée en général sans de trop pénibles efforts, elle a eu cependant ses *vêpres* de Cadix. De toutes les révolutions qui aient jamais modifié la forme d'un gouvernement, la plus innocente est sans contredit la révolution de Naples. Cinq jours d'une commotion qui n'a agité que les esprits, mais dans lesquels pas une violence n'a été commise, pas une goutte de sang n'a été répandue, ont consommé ce grand ouvrage. Est-ce même une révolution lorsqu'il n'y a, de la part d'un peuple, que l'expression d'un vœu, et accession à ce vœu de la part du prince? L'armée, à laquelle on attribue la promptitude du succès, n'a point en masse violé sa foi, ni manqué à ses drapeaux : une petite portion de l'armée se fait l'organe des desirs de l'armée entière, et c'est la voix de toute l'armée qui a été entendue; mais lorsque le mot de *constitution* est prononcé, à ce mot d'ordre on joint aussitôt, pour mots de ralliement, *Dieu et le roi*. A Nola, à Avellino, à Naples, par-tout on n'a qu'un sentiment: *Tutti gridano, Dio, re, e costituzione.* On invoque une constitution, mais c'est au nom de Dieu qu'on la demande, et en jurant fidélité au roi. Le cri récemment répété est le vieux cri des Napolitains : *Viva il re! mora il mal governo!* Il n'y a dans leurs cœurs de haine que contre le mauvais gouvernement; pour le roi, il n'y a qu'affection et amour. S'il y eut jamais une révolution vraiment nationale, c'est celle-là. Il faut qu'il y ait une grande unanimité de volonté, pour qu'un mouvement tenté sans concert préalable, sans plan et sans chef, obtienne un succès si prompt et si complet. Le résultat moral n'est pas moins admirable : le royaume était divisé en classes et en factions, Jacobins (1) et défenseurs de la foi, Muratistes et Bourboniens, Carbonari et Caldérari ; toutes ces classes se fondent en une seule. Il n'y a plus de *Carbonari*, parce que les *Carbonari* ne voulaient qu'un gouvernement libre, et que leurs desirs sont satisfaits. Les mots *Carbonari* et *constitutionnels* sont maintenant synonymes. Au reste, par quelque dénomination que l'on prétende avilir les hommes qui ont introduit un gouvernement représentatif à Naples, on ne peut point détruire la nature des choses : ces hommes que l'on calomnie ont affranchi leur nation ; ils ont assis sur la base sacrée des lois un trône qui ne reposait que sur l'instabilité de la force. L'esprit qui anime aujourd'hui le monde n'est ni le crime ni le bienfait de tels ou tels individus, de telle ou

---

(1) *Giacobini e santa fede, Murattini e Borbonici.*

telle classe. Il n'est point éclos à Naples du cerveau des *Carbonari* : il est répandu dans tout le corps européen; il agit dans tous ses membres, circule dans toutes ses veines; il règne sur la pensée, et commande à toutes les facultés humaines. Les Carbonari, comme les libéraux de toutes les autres contrées, obéissent à sa puissance. Dans la recomposition de l'ordre social, ils ne sont que ses ouvriers; lui seul est l'architecte. En France, malheureusement, il a été forcé de s'entourer de ruines. En Espagne, à Naples, instruit par l'expérience, il est parvenu, presque sans secousse, à faire sortir des gouvernements libres du chaos d'institutions perverties dans le moyen âge. Le reproche qui se fonde sur ce que les changements survenus à Naples seraient l'ouvrage d'une secte, n'est donc au fond qu'une chicane de mots.

C'est de même sur l'application inexacte d'un mot que repose l'autre reproche qui tend à faire considérer la révolution de Naples comme conduisant à la destruction de l'ordre social. D'après la grammaire des cabinets, les mots *destruction de l'ordre social* peuvent se traduire par ceux-ci : *Destruction du pouvoir absolu.* Pour eux, le pouvoir absolu est l'ordre : tout ce qui le limite ou le modifie, est subversion et bouleversement. Quoi donc ? l'ordre social est dissous, parce que la nation napolitaine est admise à débattre avec son gouvernement la confection des lois qui doivent la régir, la quotité des dépenses que l'intérêt public exige, la quotité et la nature des impôts que sa position lui permet de supporter! l'ordre social est dissous, parce que la volonté générale a prononcé l'anéantissement de priviléges auxquels d'ailleurs le clergé et la noblesse se sont empressés de renoncer eux-mêmes ! l'ordre social est dissous enfin, parce que des lois égales et uniformes imposent à tous les citoyens d'une même patrie, à tous les sujets d'un même prince, les mêmes devoirs, en leur reconnaissant les mêmes droits! Non, une pareille allégation ne saurait se défendre par le raisonnement ; et, si c'est par d'autres moyens qu'on se propose de la soutenir, mieux vaudrait se dispenser de prétextes inutiles : du moins on aurait le mérite de la bonne foi.

Il n'est pas plus facile de justifier la distinction que les cabinets semblent établir entre la révolution de Naples et celle d'Espagne. Le nouveau ministre de la cour de Madrid à Pétersbourg a été admis à déployer, auprès de S. M. l'empereur de Russie, son caractère diplomatique, tandis que tout accès est fermé à l'arrivée d'un ambassadeur napolitain. Pourquoi cette différence de procédé ? On ne saurait voir, dit-on, d'analogie entre la situation des deux états. On fait remarquer que Ferdinand VII avait eu un tort grave envers sa nation, en annulant le pacte que cette nation s'était donné dans le temps même où elle combattait tout à-la-fois pour le maintien de son indépendance et pour la conservation de sa dynastie. Nous ne saurions disconvenir de la réalité du tort reproché à Ferdinand VII, mais il est curieux que les cabinets des monarchies absolues, qui ont applaudi à ce coup d'autorité, se ravisent maintenant et ne craignent pas de le transformer en crime. Nous sommes plus indulgents. Tous les torts que le roi d'Espagne peut avoir eus, sont expiés à nos yeux par la franchise avec laquelle il a reconnu les fautes de son gouvernement. Sans doute la nation espagnole a été dans le droit le plus évident de revendiquer la constitution qui lui avait été ravie, mais pourquoi tracerait-on une ligne de démarcation entre elle et la nation napolitaine? Ce que l'une a pu justement recouvrer, pourquoi l'autre ne pourrait-elle pas l'obtenir? Pourquoi voudrait-on une disparité d'ordre politique entre deux peuples soumis longtemps au même sceptre, et encore aujourd'hui gouvernés par deux branches d'une même famille? Les gouvernements de l'Europe restaient immobiles quand l'Espagne exerçait sur le royaume de Naples une influence despotique : il fallait, pour les mettre en mouvement, qu'elle y exerçât l'influence d'un salutaire exemple. Quoi donc? la conformité de gouvernement ne serait-elle permise à ces deux monarchies que pour la servitude? leur serait-elle interdite quand il s'agit de liberté? Par quelle bizarrerie ce que l'on tolère à Madrid, serait-il réputé intolérable à Naples? Le bien et le mal seraient-ils dépendants des localités? Nous ne voulons pas croire que le motif de cette différence tienne à la difficulté plus ou moins grande des chemins qui conduisent dans les deux royaumes. Ce n'est pas sur les cartes géographiques qu'il faut chercher le principe des arrêts que dicte l'équité des cours : les montagnes ou les fleuves ne mettent aucun poids dans la balance dont la justice arme la main des congrès. Ici l'objection prend une autre forme. Les puissances n'examinent pas, dit-on, s'il leur est plus ou moins facile de forcer les passages des Pyrénées ou des Abruzzes : elles examinent seulement duquel des deux pays la contagion révolutionnaire peut le plus facilement se déborder sur l'Europe. Dans l'un comme dans l'autre royaume, la constitution des Cortès est une monstruosité; mais c'est une monstruosité sans inconvénient en Espagne, attendu que ce pays est pour l'Europe un point tout-à-fait excentrique, tandis que de Naplescette peste morale peut se répandre en un instant sur toute l'Italie. L'objection, ainsi réduite, n'emporte plus pour les puissances d'autre droit d'intervention que celui qui résulterait pour l'Autriche du voisinage de ses possessions avec le royaume de Naples. Cette question formera un chapitre à part. Je passe à l'argument tiré de la non liberté du roi des Deux-Siciles.

« Le roi des Deux-Siciles n'est pas libre, « et tous ses actes sont, par conséquent, frap- « pés de nullité : ce royaume est dans un vé- « ritable état d'anarchie, il n'y a plus là de « gouvernement avec lequel on puisse trai- « ter. » Comment ose-t-on reproduire à l'égard d'un autre peuple une allégation si vainement employée contre la France, et démentie tant de fois par les actes des mêmes puissances qui la répètent aujourd'hui? On disait aussi, au commencement de la révolution française, que nous n'avions pas de gouvernement stable avec lequel il fut possible de faire *ni paix ni trève*. On prétendait que l'antique royauté devait être rétablie dans la plénitude de ses prérogatives avant qu'aucune espèce de transaction pût avoir lieu entre les couronnes et le cabinet qui siégeait à Paris. Toutes les puissances ont successivement consigné dans leurs manifestes cette déclaration d'impossibilité, et bientôt une de ces puissances si superbes se trouva heureuse d'être admise à négocier une trève en Champagne : avec qui ? avec la Convention nationale. Peu après elle demanda la paix et la signa à Bâle avec l'ambassadeur.... du Comité de salut-public. Celle des puissances continentales qui avait le plus opiniâtrement combattu, conclut elle-même la paix à Campo-Formio avec un général républicain qui en dicte les conditions au nom d'un Directoire. On salue ce même général empereur à Austerlitz : on le proclame roi des rois à Tilsitt : on subit deux fois le joug qu'il impose dans Vienne et Presbourg ; et l'orgueil du sang autrichien s'allie sans peine avec le maître du continent. Un seul cabinet a montré une infatigable persévérance, mais la persévérance n'a été qu'un calcul. L'Angleterre a négocié à Paris et à Lille avec la république française, dans toute l'Europe avec Napoléon Bonaparte ; et, dans ses refus de reconnaître soit la république, soit l'empereur Napoléon, elle n'a eu d'autre règle que l'intérêt de sa politique : elle est demeurée hostile contre le pouvoir directorial ou impérial qui n'a pas voulu lui vendre l'honneur de la France, et elle eût non-seulement reconnu, mais embrassé comme ami l'un et l'autre de ces pouvoirs, le jour où ils auraient fait les concessions demandées par l'ambition anglaise! Est-ce quand de pareils faits sont encore si près de nous que l'on peut, avec quelque décence, mettre en avant une prétendue impossibilité de traiter avec le gouvernement actuel du royaume des Deux-Siciles? Mais peut-être aujourd'hui on se sent fort de la faiblesse du gouvernement de Naples! on ne craint pas de la part de ce gouvernement ces gigantesques armements, qui ont écrasé l'Europe! on insulte cette nouvelle monarchie constitutionnelle, parce que l'on peut le faire avec impunité! quoi, les cabinets vengeurs de la morale n'auraient-ils donc d'autre morale que celle de la force? Est-ce la force seule qu'ils considéreraient, et non la justice de la cause? Seraient-ce là tous les biens que procureraient aux peuples la réunion des princes et les conférences de leurs plénipotentiaires! Les Napolitains ont voulu être libres : ils ne sont pas assez puissants pour résister aux armes des monarchies absolues, ils périront.... Non, ils ne périront pas. La liberté s'est établie à l'extrémité de la Péninsule : si on veut la chasser de cet asyle dont elle se contente, elle envahira l'Italie tout entière. Et qu'a-t-elle fait pour légitimer les préparatifs dirigés contre elle ? descendue pacifiquement à Naples, a-t-elle tenté quelques empiétements sur les états voisins? Puisque les cabinets viennent, contre tout droit et toute convenance, se mêler de ce qui se passe dans l'intérieur d'un état étranger, quel grief leur offre la liberté napolitaine ? Quels sont les événements qui autorisent à considérer ce royaume comme en proie à l'anarchie ? on sait trop à quels signes l'anarchie se fait connaître. Où sont les actes qui attestent dans Naples son règne sanglant et ses odieuses fureurs ? où sont sur-tout les actes dont un gouvernement étranger puisse avoir droit de se plaindre ? Deux principautés voisines veulent se soustraire à l'autorité du prince qui les gouverne : Naples se refuse d'elle-même à une acquisition facile. Qu'on se rappelle ce que fit Gustave III en 1772, à l'égard de quelques ambassadeurs étrangers:

sous prétexte de veiller à la sûreté des ministres d'Angleterre et de Russie, Gustave place une garde autour de leur demeure, et cette garde il la leur donne pour épier leurs mouvements, pour leur couper toute communication au-dehors, pour leur arracher un hommage qu'ils hésitent à lui rendre. D'autres procédés signalent le gouvernement constitutionnel des Deux-Siciles. La légation autrichienne et les consulats du même pays conservent toute leur indépendance; et cependant le consul napolitain est renvoyé de Milan sans aucun de ces égards dont l'état présent de la civilisation a fait un devoir universel! l'ambassadeur destiné pour Vienne est obligé de suspendre sa marche! on répond à des paroles de paix et d'amitié par des notes hostiles, par des invectives officielles ou inofficielles dont l'âpreté, pour ne pas employer une expression plus sévère, honore peu la délicatesse des écrivains qui sont aux ordres du gouvernement autrichien! De quel côté est ici la modération, de quel côté la violence? Comment voir un caractère anarchique dans l'amour de l'ordre au-dedans, de la paix au-dehors? Où réside l'anarchie quand le prince et le peuple ne veulent également que le règne des lois? L'obligation de régner par les lois serait-elle, dans leur système, une atteinte à la liberté des rois? Est-ce dans ce sens qu'il faut entendre que le roi de Naples n'est pas libre! ah, s'il plaît aux cabinets des gouvernements absolus de prétendre qu'un prince est le prisonnier de sa nation, parce que le lien des lois les unit l'un à l'autre, combien dans les pays où ce lien sacré n'existe pas, les nations seraient plus fondées à regarder les rois comme les prisonniers de leur cour! Dans les états où il vient d'être établi une tribune nationale, les vœux des nations parviennent du moins aux oreilles des rois, et les rois à leur tour peuvent manifester leurs vœux aux nations. En est-il de même quand les rois sont condamnés à ne rien voir que par les yeux de leurs ministres, à ne rien entendre que par les oreilles de leurs chambellans? Et tandis que les rois de Naples et d'Espagne expriment avec la plus touchante énergie leur attachement à la constitution qui maintenant régit leurs états, est-il possible, sans les accuser de duplicité et de perfidie, de vouloir accréditer le bruit insensé que ces deux princes puissent prêter à la face du monde des serments rétractés par leur cœur? Quel singulier zèle pour la cause des rois, que celui qui les accuse ainsi de mensonge et d'imposture ? Non, les deux Ferdinand, que leurs peuples ont entourés de leurs respects, tout en leur demandant des réformations indispensables, ne méritent point l'insulte d'une si odieuse supposition. Les hommes dont la perversité expose ces deux princes à un soupçon semblable, sont leurs plus mortels ennemis. Ils furent de même en France les ennemis de Louis XVI, ceux qui, pour soutenir les espérances d'un parti dont l'alliance a toujours été et sera toujours funeste au trône, se plurent à répandre des doutes sur la loyauté et la bonne foi de cet infortuné monarque. O vous, qui maintenant appelez sur Naples la guerre étrangère; vous, qui invitez les légions allemandes ou russes à délivrer un roi que vous dites captif parce qu'il a cessé d'être dans vos chaînes, avez-vous oublié tous les malheurs qu'un appel semblable a causé aux Bourbons de France? Ne vous souvient-il plus de ces pages sanglantes que nous voudrions tous arracher de notre histoire? Qu'il se trouve dans ces deux royaumes une poignée d'hommes qui, comme vous, aigrissent les passions populaires et les mettent dans une horrible fermentation, voilà le trône privé de cette colonne d'amour national qui fait toute sa force. Vous aurez soulevé contre les deux branches de Naples et de Madrid, intactes jusqu'à ce jour, les mêmes tempêtes qui dans Paris ont brisé le tronc même de l'arbre, et vous vous prétendez les seuls défenseurs des rois, les seuls vrais amis des Bourbons!

Pour trancher d'un seul mot l'objection qui repose sur la non-liberté de S. M. sicilienne, je ferai remarquer aux puissances que leur manière de raisonner en cette circonstance est précisément celle d'un roi auquel assurément nul des rois actuels n'est jaloux de ressembler : c'est un argument à la façon d'Attila. « Théodose, disait le roi des Huns, « m'a fait une promesse : s'il ne veut pas tenir « sa parole, je lui déclare la guerre. S'il ne le

« peut pas et qu'il soit dans cet état qu'on ose « lui désobéir, je marche à son secours. » Tel serait le secours que porterait au roi de Naples la présence d'une armée autrichienne. Si l'on réplique que l'invasion sera dirigée, non contre S. M. le roi des Deux-Siciles, mais contre la nation napolitaine, c'est encore le système d'Attila qui ne voulait que délivrer Théodose de l'insubordination de ses peuples. Nous ignorons si Théodose eût reçu avec joie l'appui d'un pareil auxiliaire, mais le doute serait injurieux à l'égard de S. M. sicilienne. Depuis quand ce respectable prince aurait-il autorisé les puissances étrangères à croire qu'opprimer la nation qu'il gouverne, ce serait le servir ? N'est-il pas au contraire connu du monde entier que frapper ses peuples, c'est le frapper lui-même, et que les coups destinés séparément au roi ou à la nation atteindraient ensemble et blesseraient au même degré la nation et le roi ? Il est étrange que l'on reproduise encore pour justification de la guerre ces distinctions futiles entre la nation et le prince, surtout lorsque des faits récents ont fait connaître le peu d'importance qu'on y attache après la victoire. Dans les cent jours, l'Europe soulevée déclarait qu'elle ne faisait la guerre qu'à un homme, que c'était cet homme seul qu'elle voulait dompter et punir. L'homme a été vaincu : sur qui est retombé le châtiment? sur cette nation française à laquelle on n'en voulait pas et dont on devait respecter tous les droits. Aujourd'hui, d'après la même méthode, si la guerre éclate contre Naples, elle sera dirigée contre la (1) nation napolitaine et non contre Ferdinand IV : mais quel est

(1) Déclarer que c'est à un homme seul, à la personne unique d'un prince ou d'un magistrat que l'on fait la guerre, n'est pas une chose rare : ainsi Bélisaire proteste qu'il ne fait point la guerre aux Vandales, mais à Gélimer leur tyran. Des ambassadeurs de France voulant empêcher la réconciliation de Louis V de Bavière avec Benoît XI, disaient à ce souverain pontife que, s'ils voulaient continuer la guerre, ce n'était point contre l'empire, mais contre la personne de Louis de Bavière. Le pape et le roi de Naples faisant la guerre à Florence prétendaient ne la faire qu'à Laurent de Médicis. En Espagne, Bertrand Duguesclin, combattant pour détrô-

celui des monarques réunis en congrès qui voulût être ainsi séparé de sa nation ? Quel est celui d'entre eux qui pût consentir à reregarder la cause de ses peuples comme séparée de la sienne, leurs intérêts comme distincts de ses intérêts, leurs calamités comme étrangères à son cœur ? Quelle garantie d'ailleurs restera-t-il au roi quand son royaume sera envahi ; sa capitale, au pouvoir des troupes étrangères, et lui-même captif dans son propre palais. En examinant mieux la question, les monarques sentiront l'injustice de la distinction par laquelle ils prétendraient faire la

---

ner le légitime roi dom Pèdre, et pour placer sur le trône un usurpateur, Henri de Transtamare, annonçait dans un manifeste que ce n'était point aux Castillans qu'en voulaient ses armes, mais à un prince indigne de régner. Charles XII assurait aux Polonais qu'il ne faisait la guerre qu'à leur roi Frédéric Auguste. Guillaume III dirigeait toutes les animosités contre la personne de Louis XIV, qu'il traitait d'*ennemi commun* de toutes les puissances de l'Europe. Les exemples d'une guerre faite à une nation et non à ses chefs sont beaucoup moins fréquents.

guerre à la nation napolitaine sans la faire aux princes qui la gouvernent. Ils rougiraient, n'en doutons pas, de chercher une règle de conduite dans le sophisme d'un barbare.

CHAPITRE IV.

L'autriche, en raison du voisinage de ses possessions avec le royaume de Naples, a-t-elle dans cette circonstance un titre qui l'autorise à intervenir, soit à force armée, soit seulement à titre de médiation, dans les affaires domestiques de ce royaume?

Les troupes autrichiennes se sont avancées sur la frontière du royaume des Deux-Siciles. La guerre est sur le point d'éclater, et pour quelle cause? De toutes les raisons par lesquelles on cherche généralement à justifier une aggression, la seule que puisse alléguer la cour de Vienne est une raison *préventive* : ce n'est pas une *injure*, c'est la crainte d'une *injure* : ce n'est pas pour se venger d'un dommage reçu, c'est pour empêcher un dommage à venir, que la Bohême envoie ses bataillons, la Hongrie sa cavalerie légère, dans les riches plaines de la Campanie. Nous ne disconvenons pas qu'il est des circonstances où un état menacé par un gouvernement voisin est en droit de chercher les moyens de détourner un mal auquel, plus tard, il lui serait impossible de se soustraire. Ce droit qui autorise une guerre même offensive est nommé par les publicistes *droit de sûreté*; mais jamais publiciste a-t-il imaginé que le droit de sûreté dût s'étendre jusqu'à légitimer la guerre contre un autre pays, parce que ce pays a cru devoir changer la forme de son gouvernement ? Un prince ambitieux médite des projets de conquête : il grossit ses armées, remplit ses arsenaux, élève des prétentions sur les domaines d'une tierce puissance. Inquiet sur son sort, l'état dont la perte est imminente va au-devant de son ennemi : il tâche de livrer une bataille qu'il peut gagner la veille et qu'il perdrait le lendemain. La guerre de la part de cet état est juste parce qu'elle est nécessaire. Ainsi elle serait juste pour les Napolitains, si, au moment d'être écrasés par l'Autriche, ils prenaient l'initiative du combat : les armes sont (1) sacrées dans

---

(1) *Justum est bellum quibus necessarium et pia arma, quibus nulla nisi in armis relinquitur spes.* (TITE-LIVE.)

les mains de ceux auxquels on ne laisse de ressource que dans les armes. Combien il y a loin de ce droit réel au droit prétendu que réclame le cabinet autrichien ! Où sont les armées napolitaines capables d'effrayer la cour de Vienne ? Où sont les préparatifs qui puissent inspirer à cette cour la peur d'une aggression ?

La puissance matérielle de ce royaume n'est pas ce que l'on redoute. On s'inquiète peu de sa force militaire : on n'examine point le nombre de ses bataillons : on craint ou du moins on affecte de craindre une invasion morale , une contagion intellectuelle , une épidémie politique. Pour en détourner l'influence , Naples est le point sur lequel on veut se précipiter. Là est le germe mortel qu'il faut arracher , le foyer pestilentiel qu'il faut éteindre. Le changement d'une monarchie illimitée en gouvernement représentatif est ainsi un événement qui occupe tous les rois , une catastrophe qui fait trembler tous les cabinets. Le trône de Naples est mieux affermi qu'il l'a jamais été, et tous les trônes se croient sapés dans leurs fondements ! La branche napolitaine des Bourbons est devenue plus chère à son peuple qu'elle ne le fut à aucune autre époque, et la plupart des autres dynasties conspirent pour lui rendre un pouvoir sans bornes dont elle ne veut plus. On redoute la puissance de l'exemple : on combat cette puissance par des bataillons ! J'admets que la victoire sera aisée, et le succès, complet ; mais je demanderai si l'on se persuade que l'on aura tout fait parce qu'on aura planté de nouveau dans Naples le drapeau du pouvoir absolu ; si après avoir soumis Naples, après avoir fait payer à Naples des contributions de guerre, après avoir même fait du royaume de Naples une province autrichienne, on aura détruit cet esprit de liberté qui a changé la forme des gouvernements des Pays-Bas et d'Angleterre, d'Espagne et de Portugal, de Bavière et de Virtemberg, de Darmstadt et de Bade, cet esprit de liberté qui demande sans cesse au roi de Prusse une constitution représentative, toujours promise et toujours ajournée ; qui dernièrement dans Varsovie a déployé un si noble caractère ; qui fermente, malgré l'Autriche, dans une grande partie de ses nouveaux états, qui de toutes parts assiége et cerne ses anciennes possessions. Vainement Naples serait domptée, serait anéantie, le but de la guerre ne serait pas atteint. On n'aura point persuadé aux peuples que la liberté soit un mal, que l'esclavage soit un bien. Je ne veux point faire du gouvernement absolu, ainsi qu'il est exercé de nos jours, une peinture trop rembrunie. Je sais qu'il y a des peuples qui jouissent en partie des avantages de la liberté sous les lois de maîtres absolus : j'aime à reconnaître que les monarques qui dans ce moment gouvernent l'Europe sont en général humains et bienfaisants ; mais si le monarque, qui use avec réserve d'un pouvoir absolu, est digne d'éloges, ce pouvoir n'en est pas moins en soi la plus grande des calamités, puisqu'il est la source d'où sont sortis tous les crimes des mauvais princes. J'ai cité ailleurs Grotius qui prétend, quoiqu'à tort, qu'une nation peut en *châtier* une autre, par cela seul que celle-ci, sans lui nuire, viole la loi naturelle. Je prends cette citation dans le sens contraire. Au milieu de peuples chez lesquels la loi naturelle est violée, s'il en est un qui veuille la respecter, tous les autres seront-ils fondés à s'armer contre lui pour détourner une influence qui peut les envahir ? Certes, c'est la liberté qui est dans la nature, et c'est l'esclavage qui est la violation de la loi naturelle. Je pourrais, en m'attachant à la rigueur du droit, établir ici une distinction entre ce qui est un bien ou un mal pour les nations et pour les gouvernements. En admettant que le voisinage d'un gouvernement libre soit un mal pour les gouvernements absolus, je dirais que, ce qui est un mal pour le despotisme étant un bien pour les nations, loin de craindre les suites du contact, tout ami de ses semblables doit désirer de voir s'en étendre les salutaires effets. Je ne veux point considérer la question sous ce point de vue purement moral : je prends en considération l'intérêt des gouvernements comme celui des peuples. Quoiqu'au fond je fasse des vœux pour l'amélioration du sort du genre humain, comme il me paraît utile que cette amélioration s'opère sans violence et par des moyens naturels, s'il se peut même, par le concours volontaire des gouvernements absolus actuels, je ne condamne point ceux de ces gouvernements qui, n'étant pas encore convaincus de l'avantage qu'ils trouveraient à se dépouiller d'une portion de pouvoir arbitraire qui leur est nuisible, entendent retenir ce pouvoir dans toute sa latitude. Je reconnais que la première obligation de tout gouvernement tolérable est de se conserver : en regardant même la forme d'un gouvernement comme très-défectueuse, je ne conteste point que, vu l'incertitude du bien et du mal qui accompagnent ou qui suivent les grandes mutations, se maintenir dans sa forme actuelle est le premier besoin comme le premier devoir; mais ce devoir et ce besoin de conservation autorisent-ils en ce moment de la part de l'Autriche l'expédition qu'elle prépare contre le royaume constitutionnel de Naples? L'existence de ce gouvernement constitutionnel au fonds de l'Italie menace-t-elle donc celle du régime absolu auquel sont assujettis les autres états italiens? On peut en douter; et d'ailleurs, si le danger existe en effet, est-ce le gouvernement napolitain qui doit en être responsable ? Sa conduite à l'égard de Bénévent et de Ponte-Corvo n'atteste-t-elle pas au contraire que, comme il est lui-même jaloux de garder son indépendance, il est très-éloigné de vouloir porter la moindre atteinte à l'indépendance des autres états ? Si les cabinets prétendent que tout établissement de constitution représentative est un acte d'aggression contre les gouvernements absolus, nous leur dirons : « Laissez en repos « un état dont la destruction serait une bar« barie inutile. Si le royaume constitutionnel « de Naples n'est qu'un pygmée auprès de « vous en ce qui concerne les forces matérielles, « prenez garde qu'il ne se change en géant « sous le rapport moral : prenez garde que, « par un déplacement qui n'est pas impossible, « le pygmée ne soit en Autriche et le géant « dans la Péninsule. Pour être certain de « vaincre un ennemi, c'est avec ses propres « armes qu'il faut le combattre. Voulez-vous « pourvoir à la sûreté de votre frontière ? « Voulez-vous établir autour de vous un cor« don impénétrable ? Ce n'est ni de nombreux « régiments ni d'une foudroyante artillerie

« qu'il faut border vos limites. Placez-y la « justice pour sentinelle et pour gardienne : « c'est là le seul rempart qui désormais puisse « arrêter l'ennemi dont vous craignez les in- « vasions : que la sagesse de vos lois, que la « douceur de votre administration ne laissent « rien à désirer aux peuples qui vivent sous « votre empire, et vous pourrez alors contem- « pler, sinon avec indifférence, du moins « sans crainte, les révolutions d'Espagne et « de Naples. »

Mais Naples est en proie à des agitations domestiques qui peuvent se communiquer au-dehors : ce royaume est divisé en deux partis acharnés l'un contre l'autre, et les états voisins ont à craindre d'être froissés dans le conflit : il y a pour eux un *danger manifeste* qu'ils sont autorisés à prévenir ! La première réponse que nous devions faire à cette objection est un démenti formel sur le fait. Il est faux que les dissidences qui peuvent avoir lieu dans le royaume de Naples, comme il y en a partout, aient un caractère dangereux pour les états voisins; il est faux que ce royaume soit agité par des tempêtes dont les éclats puissent rejaillir au-delà de ses frontières ; mais fût-il vrai, ce qui n'est pas, qu'il eût parur dans quelques-unes des provinces napolitaines une poignée de mécontents assez audacieux pour combattre contre le gouvernement et le roi, serait-il permis de voir dans cette troupe de rebelles un parti ayant une véritable consistance, et qui méritât le secours de puissances étrangères ? Les secours qui lui seraient donnés pourraient-ils être considérés comme donnés à l'autorité légale, à la royauté ? Depuis quand la monarchie n'est-elle plus là où est le monarque, sur-tout quand il est uni avec les députés de la nation, avec la presque unanimité de la nation ? Le royaume de Naples n'a pas, ne peut pas avoir même de Vendée. Ce serait sur-tout dans ce royaume que le cri, *Vive le roi quand même,* serait subversif de tout ordre public, subversif de la royauté et du trône. *Vive le roi quand même* y voudrait dire : Vive le roi, dussions-nous causer la ruine du roi, dussions-nous exposer le roi à être l'esclave de l'étranger, ou à périr dans les convulsions de l'intérieur. Heureusement les discordances qui existent entre les sujets napolitains ne sont point de nature à produire entre eux des combats auxquels l'étranger soit fondé à prendre part. Il n'entre pas dans mon esprit de soupçonner les puissances de fomenter des divisions sous main, afin de s'interposer ensuite comme médiatrices entre les combattants. C'est une politique infame dont nous aimons à les croire incapables; mais s'il pouvait en être ainsi, un acte d'iniquité, d'immoralité ne créerait pas un droit pour elles, et la guerre qui proviendrait de pratiques pareilles ne serait de leur part que plus odieuse encore.

CHAPITRE V.

Le droit de traiter en ennemi le royaume de Naples pour cause de changements survenus dans son organisation a-t-il pu être produit par des conventions antérieures, et, par exemple, ce droit est-il acquis à l'Autriche en vertu de l'article secret du traité conclu entre les deux états le 12 juin 1815?

La question est complexe. Il y a deux choses à examiner : l'une, si le droit de traiter en ennemi le gouvernement d'une nation étrangère pour cause de changements survenus dans la forme du gouvernement de cette nation peut être produit par des conventions antérieures ; l'autre, si, dans cette supposition, l'article secret du traité de 1815 peut être justement invoqué par l'Autriche contre le gouvernement constitutionnel de Naples. Sur la première partie de la question, c'est la nature même des obligations résultant d'un traité qu'il importe d'approfondir. Pour qu'un traité soit obligatoire, quatre conditions essentielles sont requises.

1° Que l'engagement contracté porte sur des choses dont l'exécution soit possible;

2° Que l'engagement ait été pris en conformité de l'intérêt de l'état, et qu'il ne renferme pas des stipulations capables de causer sa ruine;

3° Que le traité n'ait pas été conclu pour des causes *injustes* et *déshonnêtes;*

4° Que celui qui a pris un engagement ou fait une promesse ait eu le droit de faire cette promesse ou de prendre cet engagement.

Ces quatre conditions se trouvent-elles réunies dans l'article secret du traité du 12 juin 1815? Cet article est ainsi conçu:

« Les engagements que leurs majestés prennent par ce traité pour assurer la paix intérieure de l'Italie, leur faisant un devoir de préserver leurs sujets et états respectifs de nouvelles réactions, et du danger d'imprudentes innovations qui en amèneraient le retour, il est entendu entre les hautes parties contractantes que Sa Majesté le roi

« des Deux-Siciles, en rétablissant le gouver-
« nement du royaume, n'admettra pas des
« changements qui ne pourraient se concilier
« soit avec les anciennes institutions monar-
« chiques, soit avec les principes adoptés par
« Sa Majesté impériale et royale apostoli-
« que pour le régime intérieur de ses pro-
« vinces italiennes. »

J'accède, pour un moment, à l'interprétation que donnent à cet article les cabinets des monarchies absolues.

1° La première condition nécessaire pour qu'un traité soit obligatoire, est que l'engagement contracté porte sur des choses dont l'exécution soit possible.

De toutes les excuses, celle qui résulte du fait d'impossibilité est sans contredit la plus incontestable. L'impossibilité matérielle est évidente. L'engagement pris par sa majesté le roi des Deux-Siciles était de ne point admettre de changements dans la forme de son gouvernement ; mais ces changements sont consommés ; ils l'ont été sans consentement préalable de sa part ; il n'est pas en son pouvoir de faire que ce qu'il avait promis d'empêcher soit advenu. Doit-il tâcher d'anéantir ce qui a eu lieu ? C'est demander s'il doit volontairement courir à sa perte ; si, pour tenir une promesse à laquelle il n'eut pas dû condescendre, il est obligé de compromettre le salut de l'état qu'il gouverne et celui de sa propre famille. Là une impossibilité morale vient se joindre à l'impossibilité matérielle. Une loi souveraine subjugue les rois comme les peuples ; et la nécessité, qui a aussi sa force morale comme sa force matérielle, attache d'un double lien le roi des Deux-Siciles à la forme constitutionnelle de son nouveau gouvernement. Quand même ce prince ne serait pas convaincu, comme le sont ses peuples, que le gouvernement représentatif est plus propre à faire leur bonheur que le pouvoir absolu, les hautes considérations qui doivent régler sa conduite lui commandent d'approuver, quand ils sont faits, des changements auxquels il eût peut-être difficilement consenti. Vouloir reporter en arrière une nation malgré elle, serait pour Sa Majesté sicilienne une tentative imprudente, et même tout-à-fait insensée. « Si, dans le temps qu'on

« s'engageait, dit Puffendorf, il y avait ap-
« parence que la chose serait en notre pou-
« voir, en sorte qu'on ignorât qu'elle fût im-
« possible ou qu'elle dût le devenir, on ne
« saurait être tenu à l'exécution d'un pareil
« engagement. » Cette maxime s'applique, de la manière la plus exacte, à la position de Sa Majesté sicilienne. Nous ne ferons pas un crime à ce prince d'avoir, en 1815, ignoré que l'exécution de la promesse qu'il faisait dût devenir impossible, et encore moins d'avoir ignoré qu'il n'avait pas titre à contracter une pareille obligation. Les torts des rois, qui naguère encore méconnaissaient les droits des nations, n'appartenaient pas à ces princes; c'était le tort des temps, d'une éducation vicieuse, de préjugés reçus par eux dès leur naissance. Lorsqu'ils triomphent de ces préjugés, l'amour des peuples les en récompense. Nous les bénissons de se prêter de bonne foi à reconnaître ces droits sacrés qui, sagement balancés avec ceux du trône, deviennent pour lui un salutaire contre-poids, et ne peuvent que concourir à en garantir la stabilité. On ne peut donc blâmer le roi des

Deux-Siciles d'avoir, en 1815, de concert avec l'Autriche, témoigné l'intention énoncée dans l'article secret, parce qu'alors il faisait une promesse qu'il croyait avoir et la faculté et le droit de remplir ; mais la possibilité qui alors existait à ses yeux n'existant plus, la même force majeure qui a détruit cette possibilité l'a dégagé de sa promesse.

2° Il faut que l'engagement ait été pris en conformité de l'intérêt de l'état, et qu'il ne renferme pas des stipulations capables de causer sa ruine.

Tout traité est un acte qui doit avoir pour objet le bien-être du corps politique. Le premier devoir d'un état étant de se conserver, il ne saurait être tenu à l'exécution de ce qui lui porte un notable préjudice. Grotius et Puffendorf ont invoqué, à l'appui de cette doctrine, l'autorité de Cicéron. « Il y a, dit « ce philosophe (1), des conjonctures dans « lesquelles ce qui paraît le plus digne d'un « homme juste et d'un homme de bien, change « de nature et prend un caractère tout op-

(1) *De Officiis*, liv. I, ch. 10.

« posé, en sorte que la justice même défend « ce que la sincérité et la fidélité auraient « prescrit si les circonstances n'eussent point « changé, comme d'exécuter ce qu'on a pro- « mis, car, en matière de ces sortes de choses, « il faut toujours prendre garde de donner « aucune atteinte aux deux fondements de la « justice, de ne faire du mal à personne, et « d'avoir incessamment en vue le bien public. « Ainsi le devoir change selon les temps, « comme lorsqu'il se trouve que l'accomplis- « sement d'une promesse ou d'une conven- « tion serait nuisible ou à celui envers qui on « s'est engagé, ou à celui qui s'est engagé lui- « même. » Nous serons ici plus sévères que le philosophe romain. Nous n'admettons pas qu'un traité puisse être légitimement rompu parce qu'il blesse, même d'une manière très-sensible, l'une des parties contractantes; mais dans le fait qui nous occupe il ne s'agit pas d'une simple *lésion*, d'un de ces dommages supportables auxquels, à la suite d'une guerre malheureuse, le vaincu doit se résigner : il s'agit d'une atteinte profonde portée à l'existence même de l'état. C'est en effet détruire l'état que de faire des promesses qui ne sauraient être remplies que par la violation de son indépendance, et c'est violer son indépendance que d'admettre une stipulation par laquelle la nation est dépouillée du droit de régler elle-même la forme de son gouvernement, de la modifier, de la corriger, enfin d'y introduire tels changements qu'elle peut juger avantageux et salutaires. Aucun des pouvoirs qui agissent au nom de l'état, prince, sénat, ou autre magistrature, ne peut, en conséquence, ni accepter une condition de de cette espèce, ni l'accomplir après l'avoir acceptée. Un pareil traité, s'il a été conclu, l'a été sans mission, sans droit, car nul être individuel ou collectif n'est autorisé à travailler lui-même à sa destruction. La loi naturelle qui condamne le suicide de la part de chacun des individus dont l'état se compose, ne le réprouve pas moins de la part des corps politiques. C'est là un principe avoué par tous les publicistes. Je pourrais multiplier les citations qui établissent cette vérité. Je me bornerai à une seule : « Puisque tout traité, dit «Vatel, doit être fait avec un pouvoir suffi-

« sant, un traité pernicieux à l'état est nul et « point du tout obligatoire, aucun conduc- « teur de nation n'ayant le pouvoir de s'en- « gager à des choses capables de détruire l'état « pour le salut duquel l'empire lui est confié. « La nation elle-même obligée nécessaire- « ment à tout ce qu'exigent sa conservation « et son salut, ne peut prendre des engage- « ments contraires à ces obligations indispen- « sables. »

3° Pour qu'un traité soit valide, il faut qu'il n'ait pas été conclu pour cause injuste ou déshonnête.

J'emploie ces mots : *cause déshonnête* et *injuste*, parce qu'ils ont été consacrés, en des cas semblables, par des écrivains qui ont discuté ces sortes de questions. « On ne saurait, « dit Puffendorf, s'engager *validement* à une « chose illicite en elle-même. » Si c'est, selon lui, une chose illicite, et, selon Vatel, une chose injuste et déshonnête que de vouloir opprimer ou dépouiller une tierce puissance sans avoir aucun grief fondé contre elle; si un traité qui renferme un tel engagement est nul par cela seul que l'injustice et l'immoralité ne sauraient constituer une véritable obligation, comment à plus forte raison ne serait pas atteint d'une nullité radicale le traité qui imposerait à une nation la loi de s'armer contre elle-même, et de se frapper de ses propres mains? Comment ne serait pas atteint d'une nullité plus profonde encore un traité semblable, si, ce qui en rendrait le but plus illicite, plus déshonnête et plus injuste, il n'avait pas été conclu avec l'assentiment de la nation, mais, au préjudice de cette nation comme à son insu, par un des pouvoirs qui agissent en son nom?

Les publicistes reconnaissent des traités *réels* et des traités *personnels*. Les premiers étant toujours des traités de l'état et dans son intérêt, on ne peut pas ranger dans cette classe l'article secret du 12 juin 1815. Avant tout, on doit observer que les écrivains qui ont établi cette différence ne la fondent que sur la durée, réduisant celle des traités personnels à la vie des contractants; mais ce serait une signification nouvelle que celle qui admettrait des traités ayant un intérêt autre qu'un intérêt d'état, et s'il était possible d'imaginer que l'article secret du 12 juin fut de ce nombre, alors la nature de cet acte prendrait un caractère bien plus odieux encore. Où en serait l'ordre social si l'on devait reconnaître que les princes, outre leur existence particulière avec le corps politique dont ils font partie, peuvent former entre eux une société à part, une confédération supérieure, une véritable secte (et l'expression ici serait juste), ayant un autre but que le bien-être des nations auxquelles ils doivent le pouvoir, les grandeurs et les richesses dont ils jouissent? Que deviendrait la morale universelle si des rois, dont le devoir est de rechercher séparément ce qui convient le mieux à la nation qu'ils gouvernent, s'engageaient, comme membres d'une association antipopulaire, à tenir ces nations assujéties à des lois qu'elles abhorrent? Le mal qu'un prince craindrait de faire comme chef d'un corps politique particulier, il le ferait comme dynaste; comme instrument d'une conspiration de familles liguées pour un intérêt privé contre l'intérêt public. Nous rejetons bien loin une supposition semblable, mais si elle pouvait être admisé un seul instant, nous n'hésiterions pas à déclarer que tout engagement qui résulterait d'un pareil principe serait nul, non advenu, et abrogé de droit comme contraire à la loi fondamentale de toute société, à la loi naturelle. Je n'ai pas besoin de répéter de nouveau qu'il n'entre point dans ma pensée d'élever le moindre doute sur les sentiments qui ont pu animer Sa Majesté sicilienne lorsqu'elle a signé la clause dont j'examine en ce moment la nature et la valeur; il est aisé de voir que Sa Majesté a agi conformément aux maximes et aux habitudes des gouvernements absolus : effrayée des malheurs attachés à presque toutes les innovations, elle a cru se livrer à un acte de précaution utile à ses peuples en exprimant la volonté de s'opposer à tout changement autant qu'il dépendrait d'elle : je rends justice aux motifs et j'honore les intentions ; mais lorsque les actes politiques des gouvernements doivent être appréciés, abstraction faite du caractère des princes, il est impossible de ne pas appliquer à ces actes les qualifications qui en déterminent le véritable caractère. C'est un des malheurs des gouvernements absolus et de la politique à leur usage que les rois les plus vertueux se trouvent dans le cas de se porter, comme princes, à des mesures ou à des engagements que réprouvent leur conscience, comme hommes, et leur loyauté personnelle. Je prie le lecteur de ne pas perdre de vue cette distinction dans l'examen de la proposition suivante.

4º Il faut que celui qui a pris un engagement ou fait une promesse, ait eu le droit de faire cette promesse ou de prendre cet engagement.

L'engagement dont fait mention l'article secret du traité de 1815 a pour objet d'interdire au roi de Naples la liberté d'admettre tels ou tels changements dans la forme du gouvernement de ce royaume. Ce prince avait-il le droit de prendre un engagement de cette nature ? Déja une partie des raisonnements que nous avons faits à l'égard de plusieurs autres propositions, a démontré que ce droit n'existait pas. Les preuves abondent sur ce point, même en décidant la question, si l'on veut, par les principes des gouvernements absolus. Nous pourrions d'abord faire observer qu'une promesse peut se trouver restreinte et même détruite en raison *de l'incompatibilité* (1) *du cas qui arrive avec la volonté du promettant.* Assurément il y a peu de compatibilité entre ce que sa majesté le roi des Deux-Siciles a pu promettre et sa position actuelle. On ne prétendra pas sans doute qu'elle eut fait une pareille promesse si elle eut pu prévoir que le cours des événements dût rendre cette stipulation entièrement inexécutable.

Je n'appliquerai pas à sa majesté s icili enn ce que Grotius dit *des traités faits par des personnes publiques, sans ordre du souverain.* Je ne dirai pas qu'ici le souverain de droit, c'est la nation, le roi compris, et que le roi se détachant d'elle pour faire une promesse qu'elle ne peut approuver, n'est plus qu'une personne publique agissant sans ordre : je veux bien considérer l'action du prince traitant seul et en son nom privé, comme étant l'action du souverain, selon l'ancien style. Même dans ce dernier système, l'engagement

(1) Grotius. Droit de la guerre et de la paix.

pris par sa majesté sicilienne est absolument nul. Il est nul d'abord d'après cette maxime de Cicéron, que « c'est (1) manquer à son « devoir de ne pas préférer un devoir plus « important à un autre de moindre consé-« quence ; » car on ne prétendra pas que l'obligation résultant de la promesse faite à l'Autriche par sa majesté le roi de Naples, puisse être mise en comparaison du lien sacré qui attache ce prince à l'intérêt de la nation dont il est le chef. « En matière de promesses, dit encore « Cicéron, il faut (2) avoir égard à l'intention « plutôt qu'aux paroles. » Quand le roi des Deux-Siciles, répondant au desir de l'Autriche, a promis de maintenir dans son ancien état l'organisation de son royaume, quelle a été la pensée de ce monarque? que voulait-il? que promettait-il? de conserver un ordre de choses qu'il regardait comme propre à faire le bonheur de ses sujets et celui de sa propre

(1) *Contra officium est majus non anteponi minori.* (De Officiis.)

(2) *Semper autem in fide quid senseris, non quid dixeris, cogitandum.* (Ibid.)

famille. Ce qui seul maintenant peut faire la sûreté de sa famille et le bonheur de ses sujets, c'est le maintien du gouvernement constitutionnel. La situation de sa majesté sicilienne est une de ces circonstances indiquées par Barbeyrac, lorsqu'il dit : « Il y a « des cas qui n'étaient pas de nature à être « prévus, mais qui sont tels néanmoins que, « s'ils eussent pu venir dans l'esprit de celui « qui parle, il les aurait exceptés. » Telle est encore l'opinion de Quintilien qui reconnaît « qu'il est des choses qui s'exceptent naturel- « lement et d'elles-mêmes, encore qu'on ne « voie rien dans les termes qui insinue cette « restriction. » Ce n'est point par affectation d'une érudition vaine et facile que je cherche à étayer mes assertions d'un si grand nombre d'autorités, mais afin d'ôter prise à la malveillance qui ne manquerait pas de trouver mal sonnant et hérétique dans ma bouche ce qu'elle n'oserait condamner dans des hommes dont la réputation n'a plus à craindre ses attaques. Je continuerai donc à invoquer et les maximes et les faits approuvés par ces publicistes. On ne doit pas présumer, dit

Grotius, « que le peuple ait voulu laisser au « roi la permission d'aliéner la souveraineté. » Il n'est personne, je le suppose, qui ne regarde l'indépendance d'une nation comme aussi sacrée que l'intégralité de son territoire. Or il est une foule de circonstances où les peuples ont contesté à leurs rois, relativement à l'intégralité du territoire, le droit d'aliénation. Ainsi les notables du royaume de France assemblés à Cognac conclurent tout d'une voix, que *l'autorité du roi ne s'étendait pas jusqu'à démembrer la couronne*. Les états de Bourgogne déclarèrent de même que, *si le roi les abandonnait, ils prendraient les armes, et se mettraient en liberté plutôt que de passer d'une sujétion dans une autre*. Je sais que cette question est de celles que la force décide quelquefois dans un sens contraire, mais le principe reste vrai en dépit de la décision de la force. Ainsi les barons anglais se croyaient fondés à dire, lorsque le roi Jean se rendit feudataire du Saint-Siége, qu'*un souverain ne pouvait disposer de ses états sans le consentement de ses barons, qui sont obligés de les défendre*. Il en était de même des seigneurs français lorsqu'ils pro mèrent qu'*aucun prince ne peut, par sa s volonté, donner son royaume ou le ren tributaire, et asservir ainsi la noblesse.* mot *noblesse* que l'on substitue le mot *nati* et la maxime demeurera vraie et plus vr encore. « La nation seule, dit (1) un aut « écrivain, ayant le droit de se soumettre « une puissance étrangère, le droit d'*alién* « l'état ne peut jamais appartenir au souverain « s'il ne lui est expressément donné par l « peuple entier. » Grotius, qui d'ailleur donne tant d'extension au pouvoir du prince ne s'exprime pas sur ce point d'une manière moins précise : « Si un contrat, dit-il, tend « à aliéner la couronne, ce contrat sera nul « comme étant fait par un contractant qui « dispose du bien d'autrui. » Peut-être le tort d'un prince qui transporterait à un autre sa couronne serait-il plus excusable que celui d'un roi qui consentirait à n'être roi que pour se rendre l'exécuteur des ordres d'une puissance étrangère. Qu'un roi cède son trône

(1) Vatel.

à un autre, du moins la nation est gouvernée par un prince qui est à elle, et dont l'intérêt doit être uni au sien ; mais le roi qui, en demeurant sur le trône, se placerait dans la dépendance de l'étranger, et consentirait à rester dans cette dépendance, ne serait lui-même, en réduisant ses peuples en servitude, que le premier des esclaves. D'après tout ce qui vient d'être exposé, l'engagement pris par l'article secret du traité du 12 juin est en conséquence frappé de nullités radicales.

Il est nul pour cause d'impossibilité d'exécution actuelle;

Nul comme pernicieux à l'état et comme portant atteinte au principe de son existence;

Nul comme ayant pour objet des choses déshonnêtes et injustes, par conséquent, comme contraire à la loi naturelle ;

Nul, enfin, par défaut de pouvoir suffisant de la part des parties contractantes.

Si l'engagement est nul, même en admettant qu'il fût applicable à la circonstance donnée, il le sera doublement si nous établissons qu'il n'y a pas lieu à cette application. Quelques remarques sur les termes mêmes de l'article feront voir que l'on a tort de chercher à s'en prévaloir contre le gouvernement napolitain.

Le premier objet que se proposent les parties contractantes est, disent-elles, *de préserver leurs états et sujets respectifs de nouvelles réactions.* Ce but est extrêmement louable : la prévoyance des deux monarques, sous ce rapport, ne peut que leur donner de nouveaux titres à la reconnaissance de leurs peuples ; mais le but a été atteint : nous n'avons pas connaissance que le royaume de Naples ait été en proie à des réactions d'aucune sorte, et, si quelques ennemis de son bonheur ont cherché à troubler l'harmonie qui règne entre tous les citoyens de ce royaume, le bon esprit de la grande majorité les a condamnés à une heureuse impuissance.

C'était encore dans ce salutaire esprit de préservation que les deux monarques, pour aller au-devant de toutes réactions nouvelles, cherchaient à défendre leurs états *du danger d'imprudentes innovations qui pussent en amener le retour.* Certes, l'établissement d'un gouvernement représentatif à Naples n'est pas une innovation indifférente ; mais elle n'a, sous aucun rapport, le caractère des innovations signalées par le traité, de celles dont des réactions doivent être l'inévitable suite. Le but du traité était de s'opposer à une cause dont on redoutait les effets. Comme les effets n'existent pas, il n'y a nullement lieu à reconnaître l'existence de la cause, et par conséquent il y a moins lieu encore à s'armer contre elle.

Enfin, le fond de l'article tend à interdire à sa majesté le roi des Deux-Siciles la faculté d'admettre, *en rétablissant le gouvernement du royaume*, des changements dont on indique la nature. Je dis que cet article *tend* à imposer une condition au roi des Deux-Siciles, mais il ne la lui impose pas d'une manière formelle. Les mots, *il est entendu*, ne sont que l'expression d'une intelligence, l'énoncé d'une volonté commune, sans que de cet accord il doive résulter une obligation absolue de faire, comme devoir à l'égard d'un autre, ce que l'on a témoigné être prêt à faire pour soi-même de propre mouvement. Je veux bien cependant laisser de côté cette distinction quoique très-fondée. Je reconnais, si l'on veut, qu'il y a eu engagement pris par le roi des Deux-Siciles *de ne point admettre* tels ou tels changements. Si l'article exprime une obligation, est-ce une obligation indéfinie ou déterminée, momentanée ou perpétuelle? Il me semble que les termes sont clairs: à quelle époque le roi des Deux-Siciles a-t-il entendu qu'il ne devait pas admettre de changements tels que ceux dont l'Autriche s'alarme? c'est à l'époque où il *rétablirait le gouvernement du royaume*. Or c'est en 1815 que ce prince est remonté sur le trône, et que son gouvernement a été rétabli. On ne saurait considérer, comme appartenant à l'époque du rétablissement du gouvernement de ce royaume, des changements qui se sont opérés après une restauration qui déja date de cinq ans. On conçoit que Ferdinand IV, dominé par le grand intérêt qu'il avait de ménager le cabinet autrichien, a pu renoncer, pour une circonstance particulière, à ce qu'il doit regarder comme le plus précieux de ses droits; mais il serait impossible de supposer qu'il eût abdiqué pour toujours toute espèce d'indépendance.

Outre qu'il serait absurde de croire à une pareille abdication, nous demanderons si, même dans ce cas, les changements qui ont eu lieu à Naples sont ceux que l'article secret avait pour objet d'empêcher. Il est question, dans l'article, de changements *qui ne pourraient se concilier soit avec les anciennes institutions monarchiques, soit avec les principes adoptés par sa majesté impériale et royale apostolique pour le régime intérieur de ses provinces italiennes.*

Nous avons d'abord à rechercher si les changements survenus à Naples ne peuvent pas se concilier avec les *anciennes* institutions monarchiques. Toute la difficulté, sur cette partie de la question, est de déterminer ce qu'il faut entendre par institutions monarchiques *anciennes.* Ne faut-il entendre, par ce mot *ancien*, que ce qui existait immédiatement avant le jour où la maison actuellement régnante à Naples a été obligée de quitter cette capitale pour se retirer en Sicile? Ce serait lui donner un sens bien restreint, une bien étroite acception. La tendance de tout gouvernement, pour se conserver, doit être de se ramener lui-même, autant qu'il peut, à son principe. Or, le principe de la monarchie napolitaine n'a point été un pouvoir absolu et indépendant de tout concours des sujets. En remontant à la fondation de cette monarchie, nous voyons un usurpateur illustre, Roger, justifier son usurpation par son respect pour les libertés nationales. L'état de Naples était alors gouverné par un duc, en forme de république. Vaincus par les armes de Roger, après une glorieuse résistance, et ayant perdu le duc qui les gouvernait, les Napolitains élurent pour chef le prince dont ils venaient d'éprouver l'habileté et la vaillance. Leur confiance ne fut point trompée. Généreux dans sa victoire, « Roger ne chan-« gea (1) point la forme de leur gouvernement : « il laissa subsister les mêmes magistrats, les « mêmes lois, et confirma à la ville de Naples « toutes les prérogatives et priviléges dont « elle jouissait, lorsque, s'étant soustraite à « l'empire d'Orient, elle prit sous la direction « de ses derniers ducs la forme d'une répu-

(1) Giannone, liv. XI, chap. 3.

« blique libre. » Roger, sentant le besoin d'une bonne législation, se conforma aux usages des anciens rois lombards. Il conserva, ou plutôt rétablit les « assemblées (1) des parlements ou états-généraux, où tout le corps « de la nation était représenté par les députés « et syndics des provinces et des villes..... « C'était dans ces assemblées que, du consentement du prince et des peuples, on réglait « les opérations de la guerre ou de la paix, « on promulguait les lois, on fixait le contingent en hommes et en argent. » Le nom de *donatif* sous lequel on désignait l'impôt, nom qui a subsisté même après que les états-généraux ont cessé d'être assemblés, atteste suffisamment que la fixation de sa quotité était l'objet d'un accord entre la nation et le prince. Non-seulement Roger se fit un devoir de conserver les institutions sages qu'il avait trouvées en vigueur, mais, parmi les différents traits dont se compose son éloge, les historiens ont signalé « son empressement à s'in- « former des lois et des usages de toutes les

(1) Histoire des rois des Deux-Siciles, par M. d'Égly.

« autres nations, son attention pour intro-
« duire dans ses états tout ce qui paraissait
« pouvoir contribuer au bien de ses peuples. »
Nous ajouterons aussi cette autre circonstance :
« Prévenu pour la France, la patrie de ses
« pères, il en estimait le gouvernement plus
« que tout autre, et préférait, pour l'usage
« de son royaume, les réglements dont se
« servaient les Français à ceux des autres
« peuples. » Pourquoi cette imitation de la
France, qui est citée comme une vertu dans
Roger, serait-elle un sujet de blâme dans
Ferdinand IV ? Et lorsqu'une constitution représentative, appropriée au siècle où nous
vivons, a rendu aux Français, sous une meilleure forme, les assemblées du Champ-de-Mars et du champ de mai ; lorsque la branche
des Bourbons qui règne en Espagne, suivant l'exemple de la France, a rétabli de
même ses Cortès sous une forme nouvelle,
comment la branche de la même maison qui
règne à Naples serait-elle coupable d'avoir
reproduit, pareillement dans un système convenable, les parlements des rois lombards,
ces états-généraux ou cours plénières où les

provinces, les villes avaient dans *leurs députés et leurs syndics* des représentants et des défenseurs ?

Ces premières bases de la monarchie napolitaine, établies par les princes normands, furent sans doute méconnues sous les différentes dynasties qui leur succédèrent ; mais les princes dont le nom a laissé un souvenir honorable se firent un devoir de les respecter, autant que le comportait l'esprit de leur siècle. Le plus illustre monarque de la dynastie des Souabes, Frédéric, sentait, dit un historien moderne (1), « que les nations out aussi des « droits. Il pensait qu'une nation est libre, et « qu'elle ne peut être assujettie qu'aux lois « qu'elle s'est imposées elle-même pour assurer « sa félicité; que, tout droit à la liberté étant « inaliénable pour une nation, un souverain « étranger ne pouvait se prévaloir, pour en« vahir l'indépendance dont elle devait jouir, « de quelques concessions arrachées par la « force ou par la ruse à la crainte ou à l'igno« rance. » C'était alors contre les prétentions

---

(1) Mémoires du comte Orloff.

de la cour (1) de Rome que Frédéric s'attachait à défendre l'indépendance du royaume de Naples ; mais les mêmes raisons qui justifiaient ses efforts contre la cour de Rome ne justifient-ils pas aujourd'hui ceux de Ferdinand IV contre la cour de Vienne? Plusieurs fois Frédéric assembla des parlements pour aviser au bien du royaume. C'est dans ces assemblées que s'établissaient les *assisias* ou réglements (2) généraux destinés à améliorer le sort des peuples. Ces parlements n'ont pas toujours eu sans doute la même part d'action sous des règnes différents ; ils n'ont pas eu indistinctement le même caractère sous le règne des bons rois et sous celui des mauvais princes ; mais enfin ils ont été convoqués par tous, et même par ceux des rois qui portèrent les plus rudes coups aux droits de la nation napolitaine. Jamais cette énergique nation ne perdit tout-à-fait le sentiment de

---

(1) Aussi un écrivain dévoué à cette cour a-t-il dit : *Videtur ille Fredericus quiescere in pice et non in pace.*

(2) *Regens curiam generalem pro bono statu regni, suas* assisias *promulgavit.*

ses droits : si elle paraissait momentanément les oublier, il ne fallait qu'un incident léger pour la porter à les ressaisir. Il est une importante remarque que nous devons faire ici sur le mot *nation*, c'est que ce mot, improprement appliqué à des pays divisés en plusieurs classes, a pu, même dans le moyen âge, s'appliquer avec justesse aux Napolitains, attendu que ce royaume n'avait que deux ordres, la noblesse et le peuple, et qu'en beaucoup de circonstances, les intérêts du peuple et de la noblesse se sont confondus dans une résistance courageuse aux vexations du pouvoir absolu. Les ecclésiastiques ne formaient point, comme en France, un ordre séparé; mais, ainsi que la magistrature, ils étaient mêlés dans les rangs de la noblesse et du peuple. Les prélats qui assistaient aux parlements, et ils étaient en petit nombre, avaient ce droit, ainsi qu'en Angleterre, comme feudataires et barons, et non comme représentants du clergé. Le peuple avait sa représentation : « Il participait avec la noblesse (1)

(1) Giannone.

« au gouvernement de la ville, et à tous les « autres honneurs et prééminences. » La ligne tracée entre la noblesse et le peuple était d'ailleurs facile à franchir. Les rois admettaient au rang des nobles les hommes qui vivaient noblement, avec armes et chevaux. Les *places* ou associations de nobles recevaient elles-mêmes dans leurs rangs les personnes *bien nées, riches et savantes.*

Si le chef de la dynastie des Angevins, si Charles d'Anjou, teint du sang de Conradin, foule aux pieds la liberté publique, la perte de la Sicile en est le prompt châtiment. Cependant, même sous ce prince, son fils, pendant son absence, pour satisfaire au mécontentement du peuple, est obligé de convoquer un parlement. Il s'efforce, de concert avec les barons, le clergé et les députés des villes, de porter remède aux maux causés par les violences de son père. Sous un autre prince de la même maison, sous Robert, le meilleur des rois qu'ait fourni cette famille, les biens des barons, ceux du roi même, sont soumis *à une loi fiscale, unique et commune.* Seraient-ce donc les règnes des Ladislas et autres princes semblables qu'il faudrait regretter ? Mais, sous le règne de Ladislas lui-même, les libertés de la nation ne furent pas impunément violées. Le peuple et la noblesse réunis nommèrent « *huit seigneurs* (1) *du bon* « *gouvernement*, dont les fonctions consis- « taient à empêcher les ministres du roi de « commettre aucune injustice. » Si ce tribunat salutaire ne fut pas maintenu, c'est que la science du gouvernement était tout-à-fait inconnue, et que le peuple en général ne sait chercher un remède à ses maux qu'au moment où ses maux deviennent insupportables. Faudrait-il regretter les temps où les rois sans pouvoir, livrés à la merci des barons, plus puissants qu'eux, ne faisaient que couvrir du nom royal les vexations de toute espèce auxquelles les peuples étaient en proie ? Ce n'est point dans ces époques malheureuses que le roi actuel des Deux-Siciles ira chercher ses modèles ; il ne les cherchera pas davantage parmi les princes qui ont déshonoré la dynastie d'Arragon. Bien loin d'imiter un

(1) Giannone.

Ferdinand Ier, qui fut le Louis XI du royaume de Naples, il aime beaucoup mieux ressembler à ce généreux Alphonse qui non-seulement veut faire le bonheur de ses peuples, mais qui ne veut le faire que par des voies légales et en respectant leurs droits. Alphonse aspire à réformer les abus, à détruire les mauvaises coutumes, à les remplacer par des lois sages; il abolit des impôts onéreux auxquels il en substitue de plus doux; mais « il « ne se permet (1) aucune de ces innovations « sans avoir l'avis et l'assentiment des barons « convoqués en parlement. » Les propositions de ce prince étaient mises en délibération dans les parlements, et leur adoption était le résultat d'un accord (2) mutuel. « Les maximes

---

(1) Mémoires d'Orloff.

(2) Alphonse représente la nécessité d'une somme annuelle destinée à entretenir des troupes pour la défense du royaume. « Le parlement délibère sur cette « demande du roi. On convient de lui promettre un « ducat pour chaque feu payable toutes les années dans « tout le royaume, à condition qu'il donnerait aussi « par année à chaque feu une mesure de sel, et qu'on

« du roi (1) Alphonse furent suivies par ses « successeurs. Lorsqu'ils demandèrent de nou« veaux impôts ou des dons de sommes con« sidérables, ils accordèrent pour Naples et « pour tout le royaume de nombreux privi« léges. On en voit des exemples dans les « règnes de Ferdinand Ier, Alphonse II, Ferdi« nand II, Frédéric, Ferdinand-le-Catholique, « Charles-Quint, et Philippe II. Plus tard, « des priviléges nouveaux ont encore été ac« cordés, et à la même occasion, par les rois « Philippe III, Philippe IV, Charles II et leurs « successeurs. » Sous Charles V, dont les grandes entreprises exigeaient sans cesse des impositions nouvelles, on statua, dans un parlement, qu'il ne pourrait plus être établi de taxe extraordinaire. A la vérité de pareilles résolutions ne résistent pas long-temps aux demandes pressantes des rois, mais cette déclaration seule, quoique non observée, con-

---

« abolirait toutes les subventions pratiquées auparavant. « Cette proposition fut faite au roi qui l'agréa : il accorda » ensuite tout ce qu'on souhaitait. » (GIANNONE.)

(1) Giannone.

state un droit reconnu par les rois eux-mêmes. Ainsi la convocation des parlements, le droit dévolu à ces assemblées de voter les dons (donativi) réclamés par le prince, et leur participation à l'établissement des pragmatiques ou autres lois ayant pour objet *le bon état du royaume*, ont fait partie notoire du gouvernement des diverses dynasties qui ont régné sur cette contrée. Je passe sous silence les temps de calamités pendant lesquelles le royaume de Naples, privé de la présence de son roi, n'était gouverné que par des lieutenants. On sait que la cour de Madrid ne mesurait l'habileté des vice-rois que sur la quotité d'hommes et d'argent dont le royaume de Naples s'appauvrissait au profit de la monarchie espagnole. Ce ne sont pas là les temps que le fils de Charles III veut rendre à un royaume où il est né, et où doivent, comme lui, résider ses enfants.

Tandis que Naples avait vu ses libertés sinon anéanties, du moins tombées en désuétude, la Sicile, long-temps gouvernée par des rois particuliers, avait conservé toutes celles qui avaient été reconnues par Roger, le fondateur unique des deux royaumes, et les priviléges que lui avaient accordés d'autres princes. « Ces concessions (1) faisaient jouir « ces peuples d'une liberté presque absolue... « Ils élisaient eux-mêmes, et tiraient de leur « corps les magistrats pour composer leur « sénat, qui commandait avec une suprême « autorité, administrait le patrimoine public, « disposait des emplois subalternes, et exer- « çait un grand ascendant sur les esprits des « citoyens, qui étaient toujours prêts à ré- « sister aux vice-rois chaque fois qu'ils s'ima- « ginaient qu'il s'agissait de quelque chose de « préjudiciable à leurs priviléges, auxquels « ils étaient extrêmement attachés. » Souvent on a vu le sénat arrêter les entreprises du pouvoir, lorsque celui-ci se livrait à des actes illégaux, tels, par exemple, que des emprisonnements arbitraires. Sous la vice-royauté du comte d'Ayala, les ordonnances de ce vice-roi furent déclarées par le sénat nulles et attentatoires aux priviléges du royaume. Je ne parle point des évènements funestes qui li-

(1) Giannone.

vrèrent momentanément Messine à Louis XIV, et du cruel état auquel furent réduits les malheureux habitants de cette ville ; mais le triomphe du pouvoir royal sur la liberté d'une nation est loin de constater le droit. D'ailleurs, même après cette époque d'horreur, le sénat ne fut pas supprimé. Lorsque, dans les Siciles, en-deçà et au-delà du Phare, le principe originaire du gouvernement a été en harmonie avec les libertés des sujets; lorsque ces libertés, souvent enfreintes, ont été tant de fois revendiquées et reconquises; lorsque, en une foule de circonstances, les nobles et les plebéiens confondus ont réclamé, comme aujourd'hui, les mêmes droits, est-on fondé à dire qu'un gouvernement constitutionnel, voulu également par les plébéiens et par les nobles, et dans lequel se retrouvent les droits exercés autrefois par les uns ou par les autres, ou par les deux classes ensemble, ne puisse pas se concilier avec les *anciennes institutions monarchiques?*

Allèguera-t-on que les puissances verraient sans peine, et même avec joie, le rétablissement des parlements ou états-généraux napolitains dans les formes qu'ils ont eus jadis; c'est-à-dire, en séparant de nouveau la nation en deux ordres, et en replaçant ces deux ordres dans la proportion respective d'influence qu'ils ont eus autrefois? Une telle manière de raisonner s'opposerait à tout perfectionnement, affermirait les abus et en éterniserait la durée. « Sans doute, dit Cicéron, « nous devons imiter les exemples de nos « ancêtres : oui, mais bien entendu que ces « exemples sont bons. » Il est absurde de vouloir, à l'époque où nous vivons, faire reculer la raison publique vers un ordre de choses imparfait, tel que le comportaient des siècles d'ignorance. C'est vouloir remettre le genre humain au gland quand il a du blé.

La seconde partie de la question que je viens de traiter consiste à savoir si les changements qui ont eu lieu à Naples, peuvent ou non, se concilier *avec les principes adoptés par sa majesté impériale et royale apostolique, pour le régime intérieur de ses provinces italiennes.* Cette partie de la question est déjà complètement résolue. Elle cesse même d'être susceptible d'examen après qu'il a été démontré qu'il n'est pas au pouvoir d'un prince d'aliéner l'indépendance de la nation qu'il gouverne. Où serait en effet l'indépendance de la nation napolitaine si la forme de son gouvernement devait être subordonnée aux principes adoptés par un prince étranger dans tel ou tel état d'Italie ? L'amitié ni la protection d'une puissance étrangère ne s'achètent point à un tel prix. « Comme un client est sous la protection de « son patron, de même les peuples inférieurs « sont par un traité d'alliance sous la protec- « tion du peuple supérieur et *non pas sous* « *sa domination.* » Et peut-on imaginer une domination plus tyrannique que celle qui résulterait de l'interprétation donnée par l'Autriche à l'article secret du traité du 12 juin 1815 ? Une pareille prétention était réservée à notre siècle. Jamais la Porte Ottomane n'en a formé une semblable à l'égard de la république de Raguse.

Mais la cour d'Autriche, loin de vouloir imposer un joug, ne se présente que comme auxiliaire. Elle ne fait que remplir un devoir en cherchant à réaliser la garantie qu'elle a donnée. Sans revenir sur la nature de la garantie dont il est question, la réponse est facile. Un écrivain qui n'est pas suspect de trop de libéralisme, l'a faite pour nous. « La « garantie (1) est censée un acte de faveur « accordée au garanti. Or, on ne saurait « forcer à recevoir une faveur. Ainsi il faut « absolument que la garantie soit invoquée. » (Assurément sa majesté le roi des Deux-Siciles n'invoque pas l'exécution de l'article secret du 12 juin.) « Si le garant prétend « l'exercer sans être préalablement requis, il « agit alors d'après d'autres motifs que celui « de la garantie. Celui-ci n'est qu'un pré- « texte. »

Je m'arrête, j'ai peut-être même poussé beaucoup trop loin la démonstration de vérités incontestables qui se prouvent, non-seulement par les règles de la saine raison, mais même par les principes des gouvernements absolus. Je crois avoir porté l'évidence à un tel degré que je puis m'abstenir d'une

(1) Droit de la nature et des gens, par M. de Rayneval.

récapitulation oiseuse. J'ai posé les questions ainsi qu'elles ont dû être posées à Troppau, comme elles le sont, sans doute, à Laybach. Toutes ont été résolues par la négative et après l'examen le plus impartial. En conséquence les allégations élevées contre le gouvernement constitutionnel de Naples ne pouvant être regardées comme des *raisons justificatives* de mesures hostiles contre ce gouvernement, on ne peut considérer ces allégations que comme des *prétextes* et comme se rattachant à des motifs *d'utilité ou de convenance*. C'est un autre objet qui n'est pas non plus indigne d'examen. Nous allons donc passer de la question *de droit*, à la question *d'intérêt*.

CHAPITRE VI.

En mettant de côté la question du droit que peuvent avoir ou n'avoir pas les puissances de traiter en ennemi le gouvernement constitutionnel de Naples, cette détermination de leur part serait-elle conforme à leur véritable intérêt?

Nous avons ici une distinction à faire entre l'intérêt commun que mettent en avant les cabinets sous le rapport de la sécurité des gouvernements et l'intérêt particulier de chacun de ces gouvernements, considérés comme puissances européennes. Sous le premier rapport, c'est-à-dire sous celui de la communauté de cause des gouvernements absolus contre les gouvernements constitutionnels, il n'est nullement certain que le système adopté doive répondre parfaitement à leurs vues et à leur espoir. Nous avons eu à remarquer depuis quelques années et sur-tout depuis quelques mois, que tous les efforts faits par les gouvernements pour consolider, rétablir ou introduire chez eux le pouvoir absolu, ont tourné contre eux-mêmes. On serait tenté de croire que la plupart conspirent contre leur propre tranquillité. Ce n'est pas le moment de relever les incroyables méprises de presque tous les cabinets, méprises qui en altérant le respect des peuples pour la royauté, ou en blessant leurs cœurs par l'injustice, ont irrité la haine ou excité la déconsidération. En tête de ces fautes capitales que rien ne peut racheter, il n'est personne qui ne place sur-le-champ le procès de la reine d'Angleterre, et la peine de mort portée contre les *Carbonari*. Si les scandaleuses discussions du parlement britannique n'ont pas dû accroître la vénération des peuples pour les rois et pour les reines, l'édit autrichien contre les *Carbonari*, adopté par plusieurs autres princes, ne peut pas avoir disposé les peuples, quels qu'ils soient, à bénir le pouvoir qui prononce dans le XIXe siècle la peine de mort contre des masses d'individus, comme les empereurs païens la prononçaient autrefois contre les sectateurs de la religion chrétienne; comme, dans les siècles de barbarie et même trop près de nos jours, on l'a prononcée contre les juifs et les hérétiques. Il y a long-temps qu'il a été démontré que la proscription est un mauvais moyen de gouvernement, mais au lieu de renoncer au système proscriptif, il semble que l'on prenne plaisir à régulariser ce système et à lui donner une action méthodique et permanente. Partout on voit la proscription atteindre en même temps les choses et les hommes : on voit à-la-fois proscription de la liberté des individus, proscription de la liberté de la pensée, proscription de tel ou tel mode de gouvernement, proscription même des nations en masse pour châtier en elles l'impardonnable crime d'avoir introduit dans leur administration des changements dont le pouvoir absolu s'épouvante. Le glaive de la proscription est une arme à deux tranchants, toujours dangereuse pour la main qui en fait usage. Peut-être en ce moment la rigueur de la peine prononcée contre les *Carbonari*, est-elle une cause de salut pour le gouvernement napolitain. Annoncer à six cents mille individus que l'échafaud les attend, est, certes, un moyen de donner de l'énergie à la résistance. Ce n'est pas que je prétende qu'il soit impossible à l'Autriche d'obtenir contre ce gouvernement de temporaires avantages : mais Napoléon Bonaparte est entré en maître dans Madrid ; ses drapeaux ont flotté jusque sous les murs de Cadix, et, cinq ans après, le territoire espagnol avait repoussé de son sein ses redoutables oppresseurs. L'Espagne a prouvé que les Vendées nationales sont encore plus difficiles à vaincre que les Vendées royales. La guerre qui se prépare est de celles où l'on peut se flatter promptement d'une apparence de triomphe, mais en même temps de celles où la victoire échappe sans cesse au vainqueur, où la prospérité est perfide et la fortune toujours inconstante dans ses faveurs comme dans ses trahisons. D'ailleurs que d'incidents possibles dans le cours d'une guerre semblable ! Entreprise d'un commun accord par les cabinets des gouvernements absolus, est-ce bien d'un commun accord qu'elle sera poursuivie ? Ne se présentera-t-il aucune circonstance qui détache quelqu'un des alliés ? N'y aura-t-il point de tentation qui ébranle leur fidélité ? Cette fidélité sera-t-elle à l'épreuve ou des revers ou des succès ? La guerre elle-même ne perdra-t-elle pas dans son cours le caractère qu'elle aura eu à son commencement ? D'après ces chances diverses et toujours dans l'hypothèse que c'est de bonne foi, par un motif d'intérêt commun, que les gouvernements absolus sont prêts à s'armer contre le gouvernement constitutionnel de Naples, il paraît au moins problématique, dans cette hypothèse même, que leur but puisse être atteint et leur espérance remplie. Qu'ils considèrent quel a été l'effet des résolutions prises à Carlsbad : tandis que le conseil suprême des puissances proscrit les gouvernements représentatifs, des gouvernements représentatifs s'élèvent de toutes parts. Un seul peuple s'est chargé pour plusieurs des travaux de l'enfantement. La constitution des Cortès est comme une Minerve tout armée qui apparaît au premier appel des nations et qui leur offre les conseils de sa sagesse ainsi que l'appui de sa lance. Ainsi elle s'est montrée à Lisbonne et à Naples. C'est encore elle, mais sous une forme un peu différente, qui en ce moment à Darmstadt seconde les loyaux efforts du grand-duc et des députés du peuple. Entreprendre aujourd'hui de faire rétrograder la raison des peuples, leur recommander le maintien du pouvoir absolu, ou son rétablissement après qu'il a été aboli, c'est tenter un ouvrage ou impossible ou entouré au moins de périls de toute espèce; c'est ranimer l'incendie que l'on veut éteindre, c'est en irriter la flamme, en accroître l'activité; ce n'est point par conséquent de la part des gouvernements absolus une détermination qui soit conforme à leur véritable intérêt.

S'il en est ainsi, même dans l'hypothèse du désintéressement le plus pur de la part de chacun d'eux, même dans l'hypothèse de leur accord parfait pour un objet déterminé, ce système est-il conforme à la politique bien entendue de chacun de ces gouvernements considérés comme puissances? Ici les intérêts se divisent: dès à présent ils sont distincts; chaque événement nouveau ne peut qu'augmenter cette dissidence: le concert sur une doctrine de gouvernement ne l'emportera certainement pas sur des intérêts matériels et sensibles: la concordance du moment se changera en discordance le lendemain.

Le résultat de la guerre, s'il est heureux en faveur de l'Autriche, ne peut être conforme à l'intérêt d'aucune autre grande puissance, à moins que celles-ci n'obtiennent de leur côté une augmentation proportionnelle. La question de la guerre de Naples n'est donc pas une question simple. Elle peut, elle doit amener avec elle de graves changements dans la situation actuelle de l'Europe. Il y aurait de la simplicité à croire que la cour de Vienne, faisant la guerre pour le triomphe d'un certain mode de pouvoir, comme on la faisait autrefois pour un certain mode de culte, ne demandera pour prix de ses sacrifices, que la satisfaction intérieure et mentale d'avoir rétabli des formes plus complètement monarchiques en deçà et au-delà du Phare : les Croisés eux-mêmes ne se bornaient pas à convertir les ames et à faire adorer la croix par les Infidèles : chemin faisant, ils subjuguaient des états même chrétiens, ils envahissaient et dévastaient Constantinople : il leur fallait des principautés et des royaumes qu'ils ne craignaient pas de s'approprier, au mépris des droits des légitimes possesseurs. Les croisades monarchiques seront - elles plus généreuses dans leurs vues, plus exemptes de tout calcul terrestre ? Leur ambition n'aspirera-t-elle qu'à faire prévaloir un dogme et régner un axiome? Pareils à ces Paladins, grands coureurs d'aventures, toujours prêts à défier ceux qui ne voulaient pas rendre hommage à la dame de leurs pensées, les monarques du dix-neuvième siècle iront-ils rompre des lances avec des gouvernements étrangers pour forcer ces mécréants à convenir que le pouvoir illimité des rois est le nec plus ultra de la raison humaine ? Quelque ardeur de zèle que puissent montrer les cabinets pour la plus grande gloire de la monarchie pure, ce n'est pas à Vienne que l'on trouvera, même sur ce point, une exaltation dégagée de tout élément matériel. Le cabinet autrichien est le moins romanesque des cabinets : c'est peut-être le plus positif, le plus ennemi des abstractions, celui de tous qui s'attache le plus aux réalités. On a vu de quel poids sont dans la balance de ce cabinet les affections les plus chères du prince. Et l'on voudrait qu'aujourd'hui il allât dissiper ses trésors ; consommer son armée, pour obliger la nation napolitaine à fortifier un peu plus le ressort monarchique dans son système d'organisation intérieure! La crédulité la plus hardie a des bornes qu'il lui est impossible de franchir. Cependant j'admets cette inadmissible hypothèse. Mais, même dans ce cas, si Naples ne devient pas nominativement province de l'Autriche, Naples devient, de toute nécessité, dépendance autrichienne : c'est un vassal forcé qui ne pourra se dispenser de remplir les devoirs de sujet : c'est un auxiliaire qui, loin de pouvoir refuser des secours, sera contraint d'acheter le simulacre d'existence qu'on lui laissera, par des sacrifices plus grands que ceux qu'on exigerait de lui, s'il faisait partie formelle des états autrichiens : le résultat pour l'Autriche sera le même : il y aura pour elle augmentation notable d'influence et de forces. Cette augmentation peut-elle être indifférente à la Prusse ? La réponse n'est pas douteuse. Peut-elle l'être à la Russie ? Celle-ci est en mesure d'attendre:

il dépend d'elle de voir venir, il est en son pouvoir de réclamer, en temps opportun, un équivalent, ce qui n'est pas de même à la portée de la cour de Berlin. De ces trois puissances continentales, il y en a une au moins qui ferait un faux calcul, ce serait le cabinet prussien. Aussi n'est-il pas vraisemblable que ce cabinet ait mis une grande chaleur à seconder les propositions autrichiennes. Si les données d'après lesquelles on juge d'ordinaire la position des cabinets entre eux ne sont pas toujours fausses, on est autorisé à croire qu'il y a eu depuis 1815 trois variations principales dans la situation relative des cours de Berlin, de Vienne et de Pétersbourg. La première époque offrait une liaison particulièrement étroite entre Pétersbourg et Berlin ; la seconde, celle du congrès de Carlsbad, a présenté comme étant dans une intimité plus marquée les cours de Berlin et de Vienne ; la troisième, celle du congrès de Troppau, semble annoncer une plus complète intelligence entre Vienne et Pétersbourg. L'apparence peut être trompeuse, mais elle n'est pas du moins sans quelque fondement. Écartons en effet l'idée d'un désintéressement peu vraisemblable dans la politique des grandes cours : on aperçoit des moyens faciles d'accommodement entre l'Autriche et la Russie : on n'en voit guère qui soient satisfaisants pour la Prusse. Nous ne voulons pas accorder la moindre consistance aux bruits qui tendraient à faire croire qu'il serait question d'offrir quelques villes libres en holocauste à la cour de Berlin, comme compensation des accroissements que la Russie recevrait en Pologne, et l'Autriche en Italie. Le gouvernement prussien serait peu flatté d'un lot aussi modique ; il faudrait y ajouter sans doute un supplément plus capable de le tenter. Ces suppositions populaires sont loin d'être des certitudes : seulement il y a une certitude vivante, éternelle, constatée encore par des preuves sans nombre, c'est que l'action des grandes puissances n'est jamais gratuite, soit que, comme en 1814, elles prétendent protéger l'indépendance des peuples, soit que, comme en 1820, elles s'unissent pour violer, dans l'indépendance d'une nation, l'indépendance de toutes.

Dans la difficulté de cette situation, une destinée plus honorable attendrait la Prusse, si elle savait s'en rendre digne. Depuis Frédéric II, cette monarchie a tiré sa principale force de la confédération des princes de second ordre dont elle était l'appui. Une autre confédération et une confédération plus puissante est prête à se ranger sous sa bannière, c'est celle des gouvernements représentatifs. Que le cabinet prussien se décide à donner aux sujets de cette monarchie la constitution libre qui leur a été promise, et aussitôt tous les gouvernements représentatifs qui sont déja établis ou qui s'établiront en Allemagne, en se plaçant sous sa protection, le renforceront lui-même de tout ce qu'ils ont de moyens financiers et militaires. Ce personnage serait tout-à-la-fois plus honorable et plus utile pour la cour de Berlin que celui d'auxiliaire subalterne dans une entreprise illégitime, dont l'issue, si elle est favorable, ne peut tourner qu'à l'augmentation de la puissance autrichienne.

C'est ici que se fait sentir le vide produit en Europe par la ségrégation volontaire de la

France, dont le poids est si nécessaire au balancement de toutes ses parties. Le rôle que nous indiquons comme pouvant convenir à la Prusse, c'est la France qui déja aurait dû s'en saisir ; mais comment nos ministres auraient-ils pu adopter un si sage système, et en apprécier l'avantage, lorsque loin de favoriser ailleurs le développement des gouvernements constitutionnels, ils n'ont songé qu'à saper en France les bases sur lesquelles notre constitution repose ?

Sans nous arrêter plus long-temps sur cette faute commune à la France et à la Prusse, s'il est constant que cette dernière ne puisse pas faire des vœux pour l'accroissement de l'influence autrichienne par l'acquisition d'un royaume de plus, se pourrait-il qu'elle ne donnât une sorte d'assentiment à cette entreprise que dans l'espoir d'en voir naître des embarras et des dangers pour la cour de Vienne ? Se pourrait-il que la même pensée entrât dans la détermination de la Russie et que l'Autriche, livrée à une ambition trop impatiente, préparât elle-même des chances heureuses à ses rivaux ? Loin de nous une supposition si injurieuse pour la loyauté des cours de Pétersbourg et de Berlin ; mais, quelles que soient les raisons qui décident la conduite de ces deux cours, se pourrait-il que l'expédition de Naples ne fût rien moins qu'un jeu sûr pour le cabinet autrichien ? L'incertitude sur ce point est au moins permise.

L'expédition de Naples demande un déploiement de forces beaucoup plus considérables qu'on ne se l'imagine. Nul état indépendant ne peut être jaloux de se condamner à l'occupation étrangère. Le roi de Sardaigne, le saint-père, et le grand-duc de Toscane lui-même, ne sont pas assez insensés pour vouloir contribuer à forger des fers qui bientôt pèseraient aussi sur eux. La ruine de Naples entraînerait inévitablement celle de Turin. Ainsi le Piémont demande une surveillance particulière. Un corps d'observation de vingt-cinq mille hommes suffit à peine pour cette destination. On sent bien qu'il serait peu prudent de trop dégarnir la Lombardie et Venise. Le cabinet autrichien n'est pas capable d'un pareil oubli. Il faudra de même dans tous les pays intermédiaires des détachements assez forts pour tenir la population en respect : sur le territoire napolitain, ce n'est pas seulement une armée que l'Autriche devra combattre, c'est une nation. Franchir cette frontière avec moins de quatre-vingt mille hommes, serait une témérité qui pourrait trouver un prompt châtiment. Voilà pour le cabinet autrichien l'obligation de porter cent cinquante mille hommes et peut-être plus en Italie. N'allons pas plus loin : l'Autriche, si menaçante pour l'Italie, n'a-t-elle pas déja perdu de sa consistance en Allemagne? Quand la Prusse et la Russie sont devant elle avec la totalité de leurs forces, n'est-ce rien pour elle que de se voir, sans avoir rien fait encore, déja descendue à une inquiétante infériorité ? Mais le succès est-il donc infaillible ? ne sera-t-il pas toujours vivement disputé ? Les combats et les marches n'affaibliront-ils pas l'armée active? Terminée sur un point, la lutte ne recommencera-t-elle pas sur un autre? Qui répondra que, vainqueurs à Naples, les Autrichiens ne seront point battus dans les Calabres? La France sait ce qu'il lui en a coûté pour vouloir ravir à la nation napolitaine sa seule indépendance : quels périls n'attendent pas un ennemi qui veut dépouiller à-la-fois l'état de son indépendance, les citoyens de leur liberté ? Je connais la disproportion des forces régulières des deux parties, je connais tout ce que la discipline a d'avantages, tout ce que la science de la guerre assure de supériorité à une armée qui d'ailleurs a déja pour elle la supériorité du nombre, mais je connais aussi toutes les ressources que la liberté enfante, je connais tous les prodiges que son nom seul produit, toutes les facilités qu'il procure, toutes les espérances qu'il fait éclore par-tout, et même dans les rangs ennemis : c'est avec le cri de liberté que les Français ont subjugué le continent; c'est, en invoquant à leur tour la liberté, que les peuples et les princes ont repoussé de l'Allemagne la domination française, et nous ont reportés dans nos anciennes frontières. L'Autriche, mieux que tout autre état, doit savoir combien le cri, « Liberté » a de magiques effets: elle ne peut pas avoir oublié tant de circonstances où il fut le signal de sa défaite; elle ne peut pas sur-tout avoir oublié que ce cri poussé par un homme du peuple, a suffi pour chasser de Gênes une garnison nombreuse, munie de tous les moyens d'attaque et de défense, et qui semblait devoir être capable de foudroyer en un instant la ville entière. En 1746, le cri de Liberté ne fut entendu que par les citoyens auxquels il s'adressait : peut-être maintenant le serait-il dans les rangs même des agresseurs. Le cabinet autrichien s'abuse peut-être en comptant trop sur l'apathie des états héréditaires. On sait que certaines parties de ces états aspirent toujours à recouvrer des droits dont on ne leur a laissé qu'un vain simulacre. Serait-il donc impossible que les accents patriotiques de Madrid et de Naples eussent des échos dans la Hongrie? Marcher contre Naples n'est donc pas avoir conquis Naples; et la conquérir même, n'est pas avoir la certitude de la conserver. Peut-être une pareille entreprise, vu la disposition générale des habitants, amenerait-elle enfin ce qui a été l'objet des efforts de tant de souverains pontifes, l'expulsion des barbares et l'affranchissement de l'Italie. Où en serait l'Autriche dans cette hypothèse qui n'a rien d'impossible, et quelle serait sur-tout sa situation à l'égard des cabinets de Berlin et de Pétersbourg? Vainement elle chercherait à diriger contre les possessions turques les vues ambitieuses de la Russie : c'est de la population, et une population civilisée, que la Russie cherche maintenant de préférence; ce qui reste à l'Autriche de territoire polonais tente beaucoup plus le cabinet de Pétersbourg que les vastes solitudes de quelques provinces ottomanes : l'acquisition du premier rend d'ailleurs plus certaine encore l'acquisition de l'autre. On conçoit, d'après ces chances diverses, que la Prusse s'oppose peu ou ne s'oppose pas du tout à l'expédition de Naples : on conçoit encore mieux que la Russie, tout en la déconseillant peut-être en apparence, la favorise en effet. S'il en est autrement, on doit de justes éloges à l'empereur Alexandre, puisque dans ce cas la droiture de l'homme fait taire en lui la politique du prince. En définitive, l'Autriche est la puissance que le plus de dangers attendent : les deux autres cabinets ont peu de chose à perdre si l'entreprise réussit, et beaucoup à gagner si elle échoue. Ce qui leur convient le moins peut-être, c'est qu'elle ait un plein succès; mais même, dans ce cas, il existe pour tous deux, et sur-tout pour la Russie, des moyens de se procurer un convenable équivalent; et, bien qu'il ne soit pas facile de prévoir où la Prusse prendrait le sien, on peut être tranquille sur ce cabinet qui ne restera pas sûrement en arrière, dès qu'il s'agira de faire entendre les mots de compensation, d'indemnité ou d'accroissement proportionnel; mais il est deux puissances pour lesquelles il n'y a point, en une pareille conjoncture, d'équivalents possibles, c'est la France et l'Angleterre.

Nous ignorons jusqu'à quel point les cabinets de Paris et de Londres peuvent être associés aux mouvements qui se préparent : on ne saurait se persuader que ces cabinets soient assez imprudents pour donner la main à des projets dont l'exécution, si elle est heureuse, ne tournerait qu'au profit de puissances rivales. L'intérêt de ces deux états est tellement palpable, que leur neutralité seule, ou même la seule apparence de leur neutralité, est déja de leur part une inexcusable faute. On est réduit à se demander si cet intérêt, si visible pour tout homme de bon sens, est apprécié, jugé dans le cabinet de ministres à Londres et à Paris comme il mérite de l'être, ou si la tendance qu'ont ces deux cabinets à seconder tout ce qui peut empêcher l'émancipation des peuples, n'a pas fasciné leurs yeux et égaré leur politique. Nous avons dernièrement entendu le ministère anglais annoncer (1) que, d'après les changements survenus à Naples, il y a lieu à donner de nouvelles lettres de créance à l'agent anglais qui réside auprès de ce gouvernement; et ces lettres, il ne les a pas données encore. L'allégation n'a point de fondement : c'est un subterfuge, un moyen dilatoire. Peu importe que l'autorité du roi de Naples ait été ou n'ait pas été restreinte; la royauté subsiste, et c'est toujours la même personne qui reste à la tête de l'état. C'est auprès de Ferdinand IV qu'ont été accrédités les envoyés des puis-

(1) Réponse de lord Liverpool à lord Holland.

sances étrangères : prétendre qu'il faille de nouvelles lettres de créance à ces envoyés est une vaine et puérile fiction. Lorsque Napoléon Bonaparte quitta le Consulat pour l'Empire, croit-on que les fonctions des ministres étrangers à Paris aient été un moment suspendues, sous prétexte que de nouvelles lettres de créance leur étaient nécessaires ? S'il y eut, à cette époque, présentation respective de lettres de créance nouvelles, c'est que tel fut le bon plaisir du nouvel empereur, qui voulut parler en frère aux empereurs et aux rois. La politique anglaise est en défaut si, par un faux calcul d'hostilité contre l'affranchissement des nations en général, elle seconde, même d'une manière indirecte ou par son silence, des prétentions qui, dans le cas du succès, placeront nécessairement l'Italie sous la domination exclusive d'une grande puissance du continent. Supposons en effet qu'il s'élève quelque démêlé entre la Russie et l'Angleterre, et que, dans le même moment, l'Autriche soit en bonne intelligence avec la Russie, le système de blocus continental, vainement tenté par Napoléon, se trouve alors réalisé par les cabinets de Pétersbourg et de Vienne. L'Italie entière pourrait être en un jour fermée au commerce de l'Angleterre. La Méditerranée, qui est aujourd'hui une mer toute britannique, ne serait plus qu'une mer ennemie, où les bâtiments anglais ne trouveraient de ports ouverts à leurs expéditions que ceux des pirates de l'Afrique.

Qui sait même si, par suite de quelques autres événements, la mer Noire ne deviendrait pas à son tour, sinon inaccessible, du moins inhospitalière pour eux aussi-bien que la Méditerranée ? Ces chances, si effrayantes pour la cour de Londres, n'ayant rien d'absolument impossible, il faut que cette cour mette au rang des plus affreux malheurs l'affranchissement domestique des nations étrangères, si elle consent à payer le maintien de leur servitude par le sacrifice de ses plus chers intérêts, et au prix de sa propre grandeur, comme de sa richesse et de sa prospérité ; mais l'apparente neutralité de l'Angleterre ne masquerait-elle pas aussi des vues intéressées ? Ces vues intéressées, qui se taisent aujourd'hui parce qu'elles n'ont qu'un objet éventuel, ne se relèveraient-elles pas au moment où la force, accablant le bon droit, établirait en-deçà du Phare la domination autrichienne ? Est-ce un hasard innocent qui a conduit une escadre anglaise à la portée des Deux-Siciles ? Le jour où le drapeau autrichien flotterait à Naples, serait-il impossible que le drapeau anglais fût arboré à Messine ou à Palerme ? Je repousse toutes ces hypothèses accusatrices ; mais enfin ce sont des chances qui existent, et qui peuvent tenter l'ambition des cabinets. Il en existe ainsi pour l'Angleterre elle-même comme pour les divers autres gouvernements : pour la France seule il n'en existe pas.

De tous les ministères, le plus aveugle, le plus insensé serait le ministère français s'il pouvait donner le moindre assentiment, ne fût-ce que l'assentiment du silence, aux préparatifs dirigés contre la nation napolitaine. Je ne parle point de l'assistance que le gouvernement constitutionnel de la France pourrait, en cette qualité, devoir au gouvernement constitutionnel de Naples ; mais le cabinet des Tuileries peut-il, comme puissance européenne, entendre assez mal ses intérêts d'état pour prêter son appui à l'ambition de la cour de Vienne? Le ministère français, comme ministère de la maison de Bourbon, peut-il entendre assez mal les intérêts de cette famille pour contribuer à grossir l'orage prêt à éclater sur celle de ses branches qui occupe le trône des Deux-Siciles? Au lieu d'abandonner le roi de Naples en des circonstances difficiles, l'amitié du gouvernement français devrait veiller sur lui au-dedans et au-dehors. Jadis les folles prétentions de nos rois sur la couronne de Naples nous épuisaient pour la conquérir : cette couronne n'est point à conquérir maintenant; elle est légitimement possédée par un Bourbon. Il faut, dans le double intérêt de la France et de sa dynastie, maintenir ce qui est : et la France favoriserait ce qui tend à le renverser! Nous ne saurions comprendre à quelle influence notre ministère obéit. Est-il animé par l'appât d'un grand avantage? non; il n'aurait pas même, pour couvrir sa participation à l'injustice, la misérable excuse de l'utilité; et d'ailleurs, quand il serait possible qu'une part de butin lui fût offerte, cette part promise lui échapperait, et il ne lui resterait que la honte d'une avidité déçue. Les fautes de nos ancêtres et leurs funestes suites n'ont pas été pour lui sans doute une leçon inutile : il ne peut pas avoir, du moins je l'imagine, écarté de sa mémoire les instructifs souvenirs que le nom de Naples lui rappelle ; il ne peut pas avoir oublié que Louis XII ayant, par un traité conforme peut-être à la politique du temps, mais indigne de son noble caractère, consenti à partager le royaume de Naples avec Ferdinand-le-Catholique, ce royaume tout entier devint la possession de son rival qui ne lui laissa que le stérile opprobre de cette infame transaction. Il ne peut pas non plus avoir oublié que l'Autriche ne renonce jamais à ses prétentions d'une manière irrévocable ; qu'elle considère tout ce qui a été possédé un seul jour par quelqu'un de ses princes comme pouvant dans tous les temps être revendiqué par elle ; qu'en 1707, tandis que Philippe V soutenait une lutte pénible en Espagne, l'Autriche lui arrachait en Italie le trône de Naples, qu'elle garda vingt-sept ans jusqu'à ce qu'un infant d'Espagne, don Carlos, le reconquît (1) à son tour? Pense-t-on qu'une possession de vingt-sept années ne paraisse pas à l'Autriche un titre suffisant pour garder le royaume de Naples, si des événements que la France semble favoriser, ou auxquels du moins elle ne s'oppose pas ouvertement, mettent de nouveau la cour de Vienne en possession de ce royaume? Certes, on ne m'accusera pas de prévention en faveur de la politique anglaise. J'ai, dans différents ouvrages, exprimé en termes assez énergiques toute mon horreur pour sa mauvaise foi, et surtout pour l'exagération de son acharnement contre la France. Aujourd'hui tout le mal que nous pourrions craindre d'elle est consommé; elle n'a désormais rien à prétendre de nous: il ne nous reste plus de sacrifices à lui faire. Eh bien! une politique saine n'a ni amitiés ni inimitiés permanentes. L'intérêt bien entendu de la France et de l'Angleterre leur commande d'arracher Naples des mains de l'Autriche, d'arracher des mains de cette puissance l'Italie en-

(1) En 1734.

tière, qui va devenir sa proie sans leur secours. Jamais intérêt d'état ne se trouva mieux d'accord avec le droit et la justice. En prenant ce parti, la France et l'Angleterre auront servi leur propre cause, comme puissances; elles auront sauvé les droits des nations, comme gouvernements constitutionnels : et la maison de Bourbon aura de plus sauvé une de ses branches, que toute autre conduite de sa part met dans le plus grand péril.

De tout ce que je viens d'exposer, il résulte qu'il y a ou accord désintéressé de la part des puissances pour rétablir le pouvoir absolu à Naples, ou accord de vues entre quelques cabinets qui, sous la démonstration d'un faux zèle pour le triomphe d'une doctrine de gouvernement, poursuivent des projets concertés d'agrandissement en influence et en territoire, ou seulement simultanéité de vues qui toutes, sans se découvrir entièrement les unes aux autres, marchent en apparence vers un but nominal et commun, tandis qu'elles tendent vers un but d'intérêt réel et particulier.

S'il est des ames simples qui veuillent bien

mettre encore quelque confiance dans la générosité des puissances, c'est une satisfaction qu'il ne faut pas leur ôter. Croire au désintéressement des cabinets, après tout ce qui a eu lieu depuis 1815, est un degré d'aveuglement qu'il ne serait pas en notre pouvoir de guérir. Le vrai point de la question, mais que nous ne décidons pas, serait de savoir s'il y aurait ou accord ou seulement simultanéité de vues intéressées de la part de diverses puissances. Un accord de vues déterminées est peu vraisemblable ; et, s'il en existe un, il n'est sûrement que partiel : encore peut-être n'est-il qu'ébauché, n'est-il entendu que d'une manière générale et dans des termes qui puissent, selon l'événement, permettre l'interprétation. Ce que l'on pourrait tout au plus supposer, c'est que l'Autriche et la Russie seraient convenues de quelque point principal, et que des demi-promesses auraient été faites à la Prusse. Mais l'hypothèse la plus probable est la troisième : sous le voile d'un intérêt commun pour la sécurité des gouvernements, chaque puissance simultanément poursuit des vues particulières qu'elle laisse plus ou moins entrevoir, mais qu'elle n'avoue pas. Les vues respectives doivent maintenant être jugées. Il me semble que la situation des divers cabinets peut se réduire aux points suivants : dans l'expédition de Naples, les plus grands dangers sont pour l'Autriche : quelle que soit l'issue du combat, pour la Russie nul danger et toutes chances heureuses : quelques chances heureuses pour la Prusse, mais incertaines et dans un degré inférieur : une seule, mais comme ressource extrême, pour l'Angleterre : pas une pour la France, et toutes contre elle. Que prétend donc notre cabinet? Si c'est un esprit illibéral qui le dirige, il veut, je le comprends, étouffer la liberté à Naples; mais un tel succès, en le supposant obtenu, vaut-il tout ce qui doit en résulter de disproportion nouvelle dans notre position à l'égard des autres grands états du continent? L'hypothèse contraire ne nous est pas plus favorable. Nous n'avons pas seulement à craindre les succès de l'Autriche, nous avons à craindre même ses revers. Dans le cas où cette puissance trouverait sa ruine en Italie, ce ne serait pas à nous de nous en réjouir. Nos hommes d'état font un faux calcul s'ils regardent l'Europe dans le passé. Nous ne sommes plus au temps de la rivalité de l'Autriche et de la France : ce n'est plus entre ces deux puissances que se dispute ou se partage la domination. L'affaiblissement de l'Autriche, en établissant l'ascendant de la Russie au cœur de l'Allemagne, serait pour nous une véritable calamité. En somme, si l'équité, la justice, la morale, ne sont pas pour les cabinets des mots vides de sens et une vaine chimère ; si ceux de ces cabinets qui prétendent n'avoir en vue que la sécurité des gouvernements, comptent pour quelque chose cette sécurité ; s'ils mettent la moindre importance au maintien des anciennes dynasties, leurs mouvements hostiles contre Naples sont incontestablement contraires à leur véritable intérêt : mais si, au lieu de cet intérêt légitime et sacré, ils ne poursuivent que des intérêts matériels, on est forcé de reconnaître qu'ils ont tous, la France exceptée, des motifs plus ou moins valables d'encourager l'Autriche à cette expédition, ou du moins de la lui laisser entreprendre à ses risques et dépens, sauf pour chacun des cabinets à tirer ultérieurement parti de ses victoires ou de ses désastres. Mais tout semble annoncer que l'ardeur belliqueuse des puissances s'est soudainement refroidie. D'après quelques apparences on peut croire qu'il n'est plus, du moins pour le moment, question d'une intervention armée. On a renoncé aux mesures de contrainte, à la menace de la force. Ce sont des amis bienveillants qui offrent une médiation officieuse. Ce n'est plus que par la voie de la négociation que les difficultés existantes entre le royaume des Deux-Siciles et les gouvernements étrangers doivent être résolues et aplanies. Ce changement de situation, si toutefois ce n'est pas une vaine apparence, est déja quelque chose sans doute. Nous verrons, dans le chapitre suivant, comment doit être appréciée la médiation que l'on annonce.

CHAPITRE VII.

Les cabinets des monarchies absolues s'étant présentés comme médiateurs avant de se décider pour la paix ou pour la guerre, le gouvernement constitutionnel de Naples peut-il les considérer comme tels et admettre cette prétendue médiation?

Il y a dans cette question plusieurs choses à examiner.

D'abord l'objet qui fait difficulté peut-il être la matière d'une médiation? Il suffit, pour éclaircir ce point, d'établir d'une manière précise le caractère de la difficulté. Une nation a réformé son gouvernement : des puissances étrangères veulent la contraindre de détruire ou de modifier le nouveau système qu'elle a introduit. Tout ce qui a été dit sur l'indépendance des états, retrouve ici son application. Il s'agit d'un intérêt grave, qui ne peut jamais être la matière d'un compromis. Un état qui aurait eu la faiblesse de remettre ses inaliénables droits à la merci d'une médiation, ne serait pas tenu de respecter une décision qui pourrait les enfreindre ; mais tout gouvernement qui sent sa dignité évite de courir une pareille chance. « Si l'on veut « ravir (1) à une nation un droit essentiel, « on ne tente pas même la voie des confé- « rences sur une prétention aussi odieuse. « C'est tout risquer que de prêter l'oreille à « la moindre proposition. » Telle est bien la position du royaume des Deux-Siciles. Il lui est impossible, sans se manquer à lui-même et sans se retrancher volontairement de la carte du monde politique, d'admettre des médiateurs à juger s'il a droit ou non de régler, comme il l'entend, son administration intérieure, c'est-à-dire s'il est ou s'il n'est pas un état indépendant.

En second lieu, le litige qui existe est-il de telle nature qu'une médiation puisse y trouver place? Pour qu'une médiation puisse avoir lieu, il faut qu'elle s'exerce entre deux camps, entre deux armées. Où sont les deux armées

(1) Vatel.

et les deux camps, si l'un des camps n'est pas le congrès des puissances, et l'une des armées, l'armée autrichienne? Si, à ce propos, on prétend de nouveau que le royaume de Naples est livré à des troubles inquiétants pour les états voisins, nous répondrons encore que l'allégation est sans fondement; que même, dans le cas de l'existence de quelques troubles, il est faux que ces dissentiments aient rien de dangereux pour les pays limitrophes, et puissent légitimer une intervention étrangère dans les affaires intérieures de ce royaume. En effet, quelles sont les circonstances où une semblable intervention peut être admissible? C'est *lorsque les liens de la société sont rompus* (1) *ou du moins suspendus entre le souverain et le peuple, lorsqu'on voit dans l'état deux puissances distinctes* entre lesquelles on peut raisonnablement hésiter. En est-il ainsi du royaume de Naples? non sans doute. Il n'existe point dans ce pays de rupture entre la nation et le prince. Les deux grands pouvoirs de l'état, le roi et le parle-

---

(1) Vatel.

ment, sont unis dans la même volonté. Ils l'étaient du moins avant le départ du roi. Si l'absence du roi paraissait altérer cette union, le crime en appartiendrait aux volontés étrangères auxquelles il serait livré. Cette désunion au reste ne serait qu'apparente : le pouvoir royal n'est point à Laybach ; il est demeuré à Naples dans la personne du prince régent du royaume. Tout acte qui aurait lieu ailleurs serait nul, du moment qu'il serait contraire à la constitution. Mais même, en admettant qu'il y eût des dissidences plus ou moins marquées, qu'il se formât en quelques provinces des rassemblements en opposition avec le régime constitutionnel, ce ne seraient encore que des rebelles auxquels, sans doute, nul cabinet étranger ne se permettrait d'accorder des secours publics; car nous ne voulons point supposer que le but de ces cabinets puisse être de créer entre la nation et le prince une mésintelligence qui aujourd'hui n'existe pas. Quoi qu'il en soit du plus ou du moins de droiture de leurs procédés en ce genre, il n'y a point lieu pour des tiers à interposer leurs bons offices sous prétexte d'apaiser des différends qu'eux seuls aperçoivent, et de concilier un prince et des sujets qui sont d'accord.

Le troisième point à résoudre est de savoir si les cabinets qui se présentent comme médiateurs, ont aptitude à l'être. Le principal trait qui doit caractériser le médiateur, est l'impartialité. Un état qui accepte cette fonction ne doit rien donner à la faveur ni à la haine. Le droit et l'équité doivent être la seule règle de ses décisions. « Il est bien entendu, « dit Puffendorf, qu'aucun de ceux qui s'of- « frent pour remplir ce rôle ne se trouve déja « engagé, par un traité particulier, à secourir « l'une des parties au cas que l'on en vienne « aux mains. » Les cabinets des puissances dernièrement réunies en congrès, sont-ils dans cette indépendance de position qui promet un médiateur impartial, ou plutôt ne sont-ils pas les *simples porteurs* (1) *de la volonté de l'une des parties* intéressées? ne sont-ils pas même l'une de ces parties, et, par conséquent, ne sont-ce pas des juges qui prétendent pronon-

---

(1) Expression de Grotius.

cer dans leur propre cause? Le titre de médiateur (1), ainsi appliqué, est une absurdité et une dérision.

Le doute n'est permis sur aucun des trois points qui viennent d'être exposés; mais, en prenant la question dans son ensemble, considérons quel est le véritable personnage que veulent jouer ici les puissances. Elles sont d'un côté, et le gouvernement napolitain de l'autre. A qui vont-elles faire des propositions?

---

(1) Je ne parle point de la disposition que peut avoir montrée le cabinet de France à s'offrir comme médiateur sous la condition qu'il serait fait des changements à la constitution du royaume des Deux-Siciles. Le fait serait trop grave, s'il était constaté : il n'est énoncé que comme une induction plus ou moins juste, tirée de quelques conférences particulières. Il n'y a là rien qui soit authentique, et une pareille croyance ne peut pas être légèrement admise. Comment imaginer, en effet, que le ministère d'un pays dans lequel est établi un gouvernement constitutionnel puisse assez méconnaître sa propre indépendance pour proposer à un autre état de faire abnégation de la sienne? D'ailleurs le titre de médiateur ne pourrait pas non plus convenir à la France, puisqu'elle est une des cinq puissances qui ont pris part aux conférences de Troppau.

Au roi ou à ses ministres, car c'est ainsi que s'opèrent les communications des gouvernements entre eux. Sur quel objet ces propositions roulent-elles? Sur le mode d'administration qui doit régir le gouvernement des Deux-Siciles. Vers quel but les propositions sont-elles dirigées? A quel résultat, si elles sont acceptées, doivent-elles conduire? A l'abolition de ce que la constitution actuelle de ce royaume renferme de plus favorable dans l'intérêt de la liberté nationale et au renforcement de ce qu'on appelle le principe monarchique; ce qui veut dire, au rétablissement du pouvoir absolu, ou au moins d'un pouvoir plus ou moins subversif des principes de liberté aujourd'hui existants. Voilà, sans contredit, de bien étranges médiateurs : ils voient une nation unie à son roi : ils s'avancent pour séparer le roi de la nation; ils proposent à ce prince de reprendre, au profit de l'autorité royale, une partie des droits qu'il a reconnus à son peuple, et ils lui offrent leur amitié à ce prix. Pour se mettre d'accord avec lui, il l'invitent à se rendre auprès d'eux : le roi Ferdinand a accepté leur invitation. L'utilité ou l'inconvénient de ce voyage seront bientôt connus. Ce qu'il importe de constater aujourd'hui, c'est qu'avant cette invitation des cabinets étrangers et le départ du roi, le royaume de Naples était dans la situation la plus satisfaisante. La nation n'était point, comme le sont d'autres peuples, divisée en deux partis. Aucun prince du sang royal ne s'était séparé d'elle : point de scission, point d'émigrés. L'intérieur même du palais n'était point peuplé par une cour ennemie comme l'était en France celle qui entourait l'infortuné Louis XVI. Pas un seul napolitain n'a quitté le sol de la patrie pour aller invoquer l'assistance du dehors. En vain la malveillance étrangère s'est transportée à Naples : elle n'avait pu jusqu'au moment du départ du roi créer une division dont les éléments sont détruits : nul pays en effet n'était plus propre à recevoir un gouvernement libre. Pour le moment on se borne à demander que le gouvernement napolitain soit modifié dans un sens plus monarchique, mais par ce sens monarchique on entend une pairie héréditaire, et certainement on la veut avec ses accessoires, au moins avec ceux qu'elle a encore en France, avec des majorats. Hé bien! ce que l'on propose n'est pas seulement une révolution à l'égard de ce qui existe aujourd'hui : c'est une révolution même à l'égard de l'état de choses qui existait avant le mois de juillet dernier. Les majorats étaient abolis : il n'y avait point de noblesse de fait, mais seulement une noblesse nominale. Les conservateurs actuels, ce sont donc les partisans du gouvernement constitutionnel : les révolutionnaires ce sont les cabinets.

Nous n'examinons point si le roi de Naples a pris une détermination plus ou moins sage en acceptant l'invitation des monarques réunis; si le parlement napolitain devait consentir ou s'opposer à l'éloignement de ce prince; nous nous bornerons à une seule remarque : l'air qu'on respire dans les congrès ne semble pas être celui qui convient à des rois constitutionnels. Toutes les chances qu'on entrevoit sont fâcheuses : si le roi cède aux conseils du congrès, quoique l'autorité royale réside en effet et exclusivement dans le prince-régent du royaume, un prétexte est fourni à la guerre : le roi qu'on a attiré en dehors de ses états prête son nom aux étrangers pour le combattre lui-même dans la personne de ses sujets. Cette hypothèse est celle qui flatte le plus les ennemis de la liberté publique. Dans cet état de choses point de difficultés : les Napolitains sont transformés en rebelles : rien ne semble plus légitime que de leur dicter les conditions moyennant lesquelles on peut leur pardonner. Alors pourraient être dressés les articles d'un symbole monarchique dans toute la pureté requise, et le manifeste des rois, comme une autre bulle *unigenitus*, frappera d'excommunication sociale tous les esprits indisciplinés qui ne voudront pas signer le formulaire. . . . . .

Il peut arriver, et cette chance est la moins désastreuse, que le roi oppose une énergique résistance aux propositions du congrès; mais, même dans ce cas, n'est-ce pas un grand mal qu'il se soit lui-même livré entre les mains de ses ennemis ? Nous ajoutons la foi la plus vive à la générosité des monarques ; mais, en 1815, le respectable roi de Saxe était aussi leur captif volontaire, quand il fut contraint de renoncer à une portion considérable des anciens états de sa maison.

Enfin, une troisième chance est que les monarques assemblés, quittant la violence et même la menace, se bornent à entreprendre et à poursuivre une intervention semi-pacifique et semi-hostile. L'adoption de ce terme moyen est peut-être ce qu'il y a de plus à craindre. L'invasion autrichienne n'était pas le plus grand des dangers pour les Napolitains. Ce nouveau genre d'hostilité est pour eux le plus effrayant de tous. Qui ne sait tout ce que porte avec lui de malheurs l'ascendant de l'étranger, exercé confidentiellement de cabinet à cabinet, et par des voies qui en rendent la répression presque impossible? L'ascendant d'Aix-la-Chapelle et de Carlsbad n'ont pas cessé de peser sur la France. La position fâcheuse où nous sommes aujourd'hui en est encore une déplorable suite. Tel sera partout son effet nécessaire, inévitable. Peut-être n'est-il pas hors de propos de montrer ici, par un exemple récent, comment on peut se soustraire à cette pernicieuse influence. Le gouvernement le plus faible sait conserver ses droits, quand il a le sentiment de sa dignité. Sous ce rapport, de salutaires leçons ont quelquefois été données à de grands états par des états d'un ordre inférieur. Le fait que je vais citer, et dont nous avons été témoins, en est la preuve.

On se rappelle qu'en 1819, le gouvernement grand-ducal de Bade se trouvait, volontairement ou à regret, asservi à l'influence d'un des premiers cabinets de l'Europe. Le ministère du grand-duché demandait à ce cabinet des directions sur des matières d'ordre intérieur, et on juge bien que celui-ci ne les lui refusait pas (1). L'Europe a vu quel a été le résultat de ces officieux conseils. Les chambres renvoyées, des arrestations arbitraires, des actes d'autorité inattendus, tels que la défense faite à des députés de se rendre au poste où les avait appellés la confiance de leurs concitoyens : voilà le spectacle qu'a offert un moment le grand-duché pour prix de sa déférence aux inspirations du

---

(1) Lettre de M. le prince de Metternich à M. le baron de Berstet.

dehors. Un pareil mal-entendu ne pouvait durer long-temps dans un pays, où le prince est à portée de connaître aisément chacun de ses sujets, et où les sujets peuvent bien juger les vrais sentiments de leur prince. Le grand-duc apperçoit la source du mal : il secoue le joug de l'ascendant fatal qui avait troublé son bonheur et celui de son peuple ; aussitôt toute mésintelligence s'évanouit, la confiance renaît, le peuple et le prince se rapprochent, les députés, objets d'une injuste persécution, reviennent occuper les siéges qui les attendent, ils sont les premiers à prouver leur dévoûment au prince auquel ils savent bien que l'injustice dont ils ont eu à souffrir ne peut pas être imputée, et la session dernière a été, entre le gouvernement et les chambres, un modèle d'union dont il serait à désirer que l'exemple ne fut pas perdu pour d'autres états.

Le moindre inconvénient que puisse avoir la prétendue médiation qui est offerte au gouvernement napolitain, est de porter la discorde là où la paix existe, et de rompre le bon accord qui règne entre la nation et le trône. La médiation donne des conseils et non des ordres. L'arbitrage même, fût-il invoqué, ne produirait pas d'effet obligatoire sur des points fondamentaux qui touchent à l'existence des états. S'il était vrai que les cabinets des monarchies absolues voulussent imposer à Naples un *ultimatum*, ils ne seraient pas des médiateurs, pas même des arbitres, ils seraient d'impérieux et farouches ennemis contre lesquels il n'y aurait de salut que dans le désespoir.

Quoique, depuis quelques semaines, l'horizon semble un peu éclairci, quoique tout acte d'hostilité paraisse ajourné au moins pour quelque temps, nous ne pensons pas que le gouvernement napolitain doive s'endormir dans une imprudente sécurité. La médiation des rois est trompeuse, et le médiateur s'est plus d'une fois transformé en ennemi. Il en est d'imposants exemples, qu'il peut être utile de rappeler, en raison de leur analogie avec l'état des choses qui nous occupe en ce moment.

La première médiation de ce genre, dont je veux parler, est celle de la Prusse dans les affaires de Hollande en 1787. Tout le monde connaît les débats des états-généraux des Provinces-Unies et du stadhouder. C'était bien aussi alors une intervention étrangère qui se mêlait des affaires intérieures d'un tiers; mais, à la rigueur, la séparation bien marquée des partis et la dignité des contestants appelaient une médiation amicale. Les états, d'une part, et le stadhouder, de l'autre, formaient *deux puissances distinctes*, dont chacune méritait de la considération et des égards. Des plans d'accommodement furent dressés par un plénipotentiaire de la cour de Berlin, de concert avec un agent de celle de Versailles. Les propositions prussiennes furent accueillies par les patriotes hollandais, qui avaient alors la majorité dans les états. Tout semblait devoir se terminer à la satisfaction mutuelle des parties, lorsqu'un incident insignifiant fournit à la Prusse un prétexte pour lever le masque. Un corps de troupes est tout-à-coup rassemblé dans la Gueldre sous les ordres du duc de Brunswick; et, dans l'instant même où la cour de Berlin donnait encore les assurances les plus formelles de ses intentions conciliatrices, le duc envahissait la Hollande, parlait en maître dans cette province, et ramenait à la Haye le stadhouder triomphant. Aussitôt les états-généraux sont changés; on en expulse tous les défenseurs de la liberté, que l'on persécute en outre comme amis de la France, et une triple alliance est conclue entre les Provinces-Unies, la Prusse et l'Angleterre, *avec garantie du stadhoudérat*.

Cet événement est un de ceux que les Napolitains ne doivent pas perdre de vue. Lorsqu'on voit apparaître comme médiateurs des cabinets qui s'étaient annoncés d'abord comme ennemis, on n'est pas trop assuré que le lion ne se retrouve sous la peau du renard. Le gouvernement napolitain est autorisé à craindre que la médiation qui lui est offerte se dénoue, à la manière de celle de la Prusse en Hollande, par une alliance et une garantie forcées, et cette garantie ne serait pas celle de la royauté constitutionnelle, à laquelle nul appui extérieur n'est nécessaire, mais une garantie repoussée par le roi et la nation, la garantie du pouvoir absolu. Le pouvoir garanti, ne fût-il pas illimité, par la seule raison que ce ne serait point celui qui a été établi de concert entre la nation et le roi, serait pour cette nation un joug insupportable, et la garantie étrangère, un acte d'usurpation et de tyrannie.

Si la médiation des cabinets qui vont s'assembler à Laybach devait avoir un pareil résultat, le mal serait grand sans doute, mais ce n'est pas le plus grand encore que cette médiation puisse entraîner avec elle. Le plus effrayant de tous les exemples de ce genre pour la monarchie constitutionnelle de Naples est celui que j'ai indiqué dans mon Avant-propos, l'exemple de la Pologne. En 1791, la nation polonaise tente un généreux effort. De concert avec son roi, elle prépare une constitution que ce roi présente à la Diète, et qui est accueillie par la population presque tout entière. L'usage des confédérations et le *liberum veto*, cette double source des maux de ce royaume, sont abolis, et le systême de l'hérédité succède à celui de l'élection. Cette constitution pouvait affranchir la Pologne de l'influence des états voisins, et sur-tout de celle de la Russie. Le cabinet de Pétersbourg fomente dans l'intérieur un parti de mécontents : une confédération se forme à Targowisck sous la protection de ce cabinet, et la Russie, en faisant marcher ses troupes en Pologne, s'annonce comme l'auxiliaire de ce parti. Parmi les griefs allégués pour justifier cette invasion, on doit s'étonner aujourd'hui de trouver que l'un des crimes de la Pologne est d'avoir substitué un trône *héréditaire* (1) à un trône *électif*. Les Polonais rebelles qui combattent contre leur pays sont représentés comme ayant formé une confédération *légitime* (2)... Les troupes russes ne se présentent que *comme amies*, et *pour rendre* (3) *à la république la liberté et ses lois*. Mais qui n'admirerait sur-tout la force du raisonnement par lequel le cabinet de Pétersbourg cherche à tranquilliser la conscience des Polonais qui voudraient rester fidèles à la con-

(1) Le trône, d'électif qu'il était, est déclaré héréditaire, etc. Déclaration de la Russie du 18 mai 1792.

(2) *Ibid.*

(3) *Ibid.*

stitution du 3 mai? « S'il en était quelques-« uns, dit la déclaration déja citée, qui « balançassent à cause du serment que l'illu-« sion leur fit prononcer, ou que la force « leur arracha, qu'ils soient bien convaincus « que le seul serment sacré et véritable est « celui par lequel ils jurent de maintenir et « de défendre le gouvernement *libre et répu-« blicain* sous lequel ils sont nés, et que re-« prendre cet ancien serment, est le seul « moyen de réparer le parjure qu'ils ont « commis en prêtant le nouveau. » Les troupes russes s'avancent, la confédération de Targowisck devient maîtresse du gouvernement. Sans doute les puissances étrangères sont satisfaites, leurs vues sont remplies, la constitution du 3 mai n'existe plus. Mais, était-ce à la constitution polonaise qu'en voulaient les trois puissances? En janvier 1793, Thorn et la Grande-Pologne sont occupées par les troupes prussiennes; une déclaration du 6 de ce mois apprend aux Polonais que les motifs de cette invasion sont les principes révolutionnaires répandus dans cette contrée. Ce qui exige cette mesure de pure précaution, *c'est le débordement du démocratisme français.* Quelques temps après les troupes prussiennes entrent pareillement à Dantzik, attendu que cette ville est, dit le manifeste, devenue *le foyer* (1) *de la secte des jacobins.* Enfin, le 25 mars de la même année, une patente prussienne annonce que « d'accord avec l'im- « pératrice de Russie, et du consentement de « l'empereur, il avait reconnu que la sûreté « de la monarchie prussienne exigeait qu'il « fût assigné à la république de Pologne « des limites plus analogues à ses forces in- « térieures et à sa situation, et qui lui faci- « litassent les moyens de se donner, sans « détriment de sa liberté, un gouvernement « stable et actif; que, par suite de cette con- « sidération, il avait résolu *d'incorporer à ses* « *états* les parties de la Grande-Pologne pré- « cédemment occupées par ses troupes. » Une déclaration semblable fut faite, le 9 avril suivant, par l'ambassadeur de Russie. Les paroles ici ne sont pas moins étranges que les faits, et le langage du cabinet de Péters-

(1) Manifeste de la cour de Berlin du 24 février 1793.

bourg ne le cède pas à celui de la cour de Berlin. « Réunis dans (1) ce dessein par les « mêmes principes et les mêmes vues, sa ma« jesté l'impératrice de Russie et le roi de « Prusse se sont intimement convaincus qu'il « n'y avait pas d'autre voie de prévenir la « ruine entière dont la république était me« nacée, tant par les dissentions intestines « que par les opinions extravagantes et mon« strueuses qui commençaient d'y avoir la vo« gue, que *d'incorporer dans leurs états res« pectifs* ces provinces de Pologne actuelle« ment frontières, et d'en prendre dès ce « moment possession, pour *les mettre en sû« reté* contre les effets destructifs des systêmes « extravagants qu'on cherche à y introduire. » Je passe sous silence les violences intérieures, les arrestations et les exécutions militaires. On sait à quel état se trouvèrent réduits les Polonais même dont la Russie avait déclaré la confédération *légitime*, et qui, condamnés à n'être plus que les instruments de la perte de leur pays, ne délibéraient eux-mêmes que

(1) Déclaration du 9 avril 1793.

sous la pointe des baïonnettes. Après ce second partage, un reste de patriotisme se réveille encore. La Pologne mutilée n'est pas anéantie. Quelques déterminations généreuses sont adoptées par la Diète. La Russie oblige Stanislas à les casser comme des actes révolutionnaires. Enfin l'indignation est à son comble. Un mouvement insurrectionnel se manifeste de toutes parts. Varsovie soulevée écrase la garnison russe qui l'opprime, et chasse tout ce qui a échappé au glaive. Les Polonais, sous la conduite de Kosciusko, se montrent dignes de l'indépendance pour laquelle ils combattent ; mais le bon droit succombe sous la force, et la liberté est ensevelie sous les ruines de Praga. Alors fut conclue à Pétersbourg, entre les ministres de l'impératrice et ceux de l'empereur, une convention portant, que « Les deux souve-
« rains, convaincus par l'expérience du passé,
« de l'incapacité absolue de la république de
« Pologne de se donner un gouvernement
« ferme et vigoureux, et de vivre paisible-

(1) Le 3 janvier 1795.

« ment sous ses lois en se maintenant dans « un état d'indépendance quelconque, ont « reconnu, dans leur sagesse et dans leur « amour pour la paix et le bonheur de leurs « sujets, qu'il était de *nécessité indispensable* « de procéder à un partage total de cette ré- « publique entre les trois puissances voisines. » De pareils faits n'ont pas besoin de commentaires. S'il était dans le royaume de Naples des hommes capables de se laisser séduire aux promesses de l'étranger, qu'ils considèrent ce qu'a produit pour la Pologne sa division en partis, et sur-tout la coufédération de Targowisck.

CONCLUSION.

SANS doute aujourd'hui la politique des cabinets est incapable de pareilles perfidies. Depuis 1787, depuis 1793, 94 et 95, leur morale s'est singulièrement épurée. Tout va être délicatesse et scrupule en 1821. Nous ne demandons pas mieux que de le croire : nous aimons à l'espérer pour le bonheur des rois comme pour celui des peuples, pour la stabilité des trônes, pour le salut de la maison de Bourbon. C'est à tort que l'on taxe les peuples d'ingratitude. Voyez si les Napolitains sont ingrats envers leur roi, envers son loyal fils, le prince héréditaire; et nous-mêmes, libéraux de France, que l'on représente comme ennemis des Bourbons, nous applaudissons aux généreux sentiments des rois de Naples et d'Espagne, nous plaidons leur cause devant le tribunal des rois prêts à s'armer contre eux.

O princes, qui séparément êtes chéris et honorés de vos peuples, pourquoi faut-il que tous les peuples soient condamnés à vous craindre lorsque vous êtes rassemblés? L'apparition de chacun de vous dans les provinces de ses états est un bienfait pour elles; pourquoi faut-il que votre réunion soit pour l'Europe un présage de tempêtes? Séparés, vous désirez rendre à vos sujets toute l'étendue de liberté dont vous croyez qu'ils peuvent jouir sans nuire à l'action du pouvoir; réunis, vous n'aspirez qu'à étendre les limites du pouvoir, à repousser partout la liberté et même à en effacer tout vestige. Chacun de vous isolément respecte les vertus et les cheveux blancs de

Ferdinand IV : il répugnerait à votre ame généreuse d'ajouter une nouvelle peine aux peines qu'il a souffertes. Tant de chagrins ont affligé sa vie ! tant de calamités produites par des causes diverses l'ont accablé dans son double exil ! Échappé aux révolutions démagogiques, comme aux invasions étrangères, lorsque la nation napolitaine l'entoure de son affection, serait-il possible qu'un coup de foudre parti du sein d'un congrès de rois vint frapper sa vieillesse ! Ce n'est qu'au milieu des fausses combinaisons où s'égarent vos ministres, jaloux de s'illustrer à l'envi par l'augmentation de votre puissance relative, que peuvent naître ces fatales résolutions qui sacrifient un état faible et innocent aux convenances d'une ambition commune. Sans doute vous vous souvenez avec douleur de l'entraînement aveugle qui prononça, en 1815, la spoliation du vertueux roi de Saxe. Au lieu de méditer des projets qui peuvent, même contre votre intention, finir par une iniquité nouvelle, qu'il serait bien plus digne de vous de réparer cette grande et ineffaçable injustice ! Au lieu de vouloir interdire aux princes de second ordre la faculté de donner à leurs sujets des constitutions libres, enseignez-leur par votre exemple le grand art de porter au plus haut point la liberté des nations sans affaiblir la force nécessaire à la prospérité de l'état et à la dignité du trône. S'il était permis à un simple citoyen de se rendre l'organe du genre humain, j'ajouterais, non comme conseil, mais comme humble prière : O rois, dont la présence seule est déja un bonheur pour vos peuples, renoncez à cette existence voyageuse qui, en montrant les chefs des empires errants sur les grandes routes de l'Europe, où groupés sur des théâtres étroits, désenchante le vulgaire et rapetisse la royauté. Plus grands cent fois dans vos propres états, là vous pouvez être populaires sans danger : là les bienfaits suffisent à entretenir l'illusion de la puissance. Charlemagne, Charles-Quint, Pierre Ier et quelques autres ont étonné le monde par la rapidité de leurs courses qui était celle de leurs victoires : ils subjuguaient les esprits ; ils ne gagnaient pas les cœurs. Le moment actuel veut d'autres sujets d'étonnement : notre siècle est las d'admirer ; il demande des vertus douces qu'il puisse chérir. Cessez d'agiter vos imaginations, d'occuper votre politique du soin de l'administration intérieure des autres gouvernements : que chacun de vous fasse le bonheur de son peuple ; et de cette réunion de félicités particulières sortira le bonheur général.

Mais dans l'incertitude des déterminations des princes, un grand devoir est imposé aux habitants du royaume des Deux-Siciles : placés à l'extrémité méridionale de l'Europe, ils sont tout-à-coup devenus son avant-garde. C'est encore un phénomène de notre époque. Peut-être à la destinée de Naples est attachée celle de nations beaucoup plus puissantes ; c'est dans les Abruzzes que la liberté des nations voit maintenant ses Thermopyles. Les Léonidas n'y manqueront pas. On a mal jugé jusqu'à nos jours les habitants de ces belles contrées : ils ont même été trop sévèrement jugés par leurs propres historiens. Toujours on les a considérés avec leurs anciennes divisions ; partagés en deux classes ennemies, les barons et le peuple ; toujours on a considéré le peuple et les barons partagés eux-mêmes en partisans des Angevins et des Aragonais ; de la maison d'Autriche et de la maison de Bourbon. Sans doute, huit siècles de dominations variables et de gouvernements plus vicieux les uns que les autres ont dû les disposer plus d'une fois à se consoler aisément de la chûte d'un prince, et à chercher sous un prince nouveau un bien-être qui les fuyait toujours. Sans doute, ils n'ont pas pu se lier par un nœud indissoluble à des rois étrangers qui ne les gouvernaient que par des lieutenants, à des rois qui épuisaient, pour des entreprises étrangères à leurs intérêts, leurs richesses et leur population ; mais dans la longue série de malheurs qui forme leur histoire, combien de traits admirables de dévouement patriotique ! Combien de fois les nobles, les ecclésiastiques, les plébéiens, ne se sont-ils pas confondus dans un même sentiment, l'amour de l'indépendance et la haine de l'étranger ! Ce n'est pas plus un tort pour eux que pour le reste de l'Europe, d'avoir long-temps désiré la liberté sans la comprendre et sans connaître les moyens de l'établir ; mais nulle part le besoin n'en a été mieux senti, le désir plus vif et plus énergique. Oui, généreux Napolitains, dans tous les siècles vous avez voulu la liberté, vous avez poursuivi son ombre, adoré son image. Pleins du souvenir des cités fameuses qui avaient jadis fleuri dans vos beaux climats, fiers aussi d'avoir existé comme gouvernement républicain avant la fondation de la monarchie, vous avez plus d'une fois pensé que prononcer le mot de république était devenir libre : c'était une erreur, mais une erreur encore honorable. C'était la liberté que demandaient vos vœux, lorsque *Thomas Campanella*, *Gennaro Annese et le duc de Guise* trouvaient parmi vous de nombreux adhérents; mais c'est sur-tout la liberté que vous avez défendue, lorsque votre indomptable résistance empêcha l'établissement du tribunal de l'Inquisition. Le courage qui fit triompher votre liberté religieuse, ne vous manquera pas pour la défense de votre liberté politique. L'énergie et la chaleur de l'ame ont été vos vertus dans tous les âges : ce qui vous manquait en fait de discipline et d'expérience, vous l'avez acquis dans les dernières guerres.

La Saxe, la Catalogne et Dantzick ont vu vos bataillons mêlés aux bataillons du grand peuple, rivaliser avec eux de sang-froid, de patience à supporter les fatigues, et d'intrépidité. La vigueur que vous avez déployée pour le seul amour de la gloire et sous des drapeaux étrangers, se centuplera en combattant pour vos foyers et sur le sol de la patrie. Ayez confiance en vous-mêmes; jugez bien votre position, et la victoire vous est assurée. Vous n'avez point chez vous un clergé redoutable par des pouvoirs inquisitoriaux, comme il l'était en Espagne, ni une noblesse ennemie qui, comme ailleurs, marche contre vous avec l'étranger. Les deux ordres qui existaient parmi vous ne font aujourd'hui qu'une nation : vous êtes un tout homogène : vous ne formez qu'un faisceau. Le régime féodal, écroulé dans la commotion d'où sortit la république parthénopéenne, n'a fait que peu d'efforts pour se relever : il renonce aujourd'hui à un rétablissement impossible. Habitants des villes, paysans, prêtres et barons, soyez citoyens et ne soyez que citoyens, votre union vous sauvera; c'est l'union qui sauve les peuples libres, qui sauva la Suisse, qui sauva la Hollande. Pour repousser un tribunal oppresseur, vous fûtes unis contre un prince (1) dont vous admiriez les talents et la gloire; contre un vice-roi (2) dont vous chérissiez les vertus. Plus heureux aujourd'hui, ce n'est point contre vos princes, c'est à côté de vos princes, sous leurs ordres et pour leur défense que vous avez à combattre : en défendant votre indépendance, vous défendez l'indépendance du trône : en combattant pour votre existence nationale, vous combattrez pour l'existence de la dynastie qui vous gouverne. Dans votre courageuse lutte contre l'établissement de l'Inquisition, pauvres et riches, plébéiens et nobles, vous vous donniez les uns aux autres le nom de frères : un crucifix à la main, vous preniez le ciel à témoin de la justice de votre cause; votre cri était : *Union, union pour le service de Dieu, de l'empereur et de la ville;* votre cri maintenant sera : *Union, union pour le service de*

(1) Charles-Quint.

(2) Pierre de Tolède.

Dieu, pour le salut du roi et pour l'indépendance du royaume. Un pareil cri est un cri de victoire. En révoquant ses édits, Charles-Quint désabusé nomma Naples *ville très-fidèle.* L'Europe, en vous admirant, se réjouira de vos succès; elle vous proclamera, comme elle a proclamé l'Espagne, *nation héroïque et invincible.*

FIN.

TABLE
DES CHAPITRES.

www.ingramcontent.com/pod-product-compliance
Ingram Content Group UK Ltd.
Pitfield, Milton Keynes, MK11 3LW, UK
UKHW021057230726
13926UKWH00004B/1901

9 782013 618571